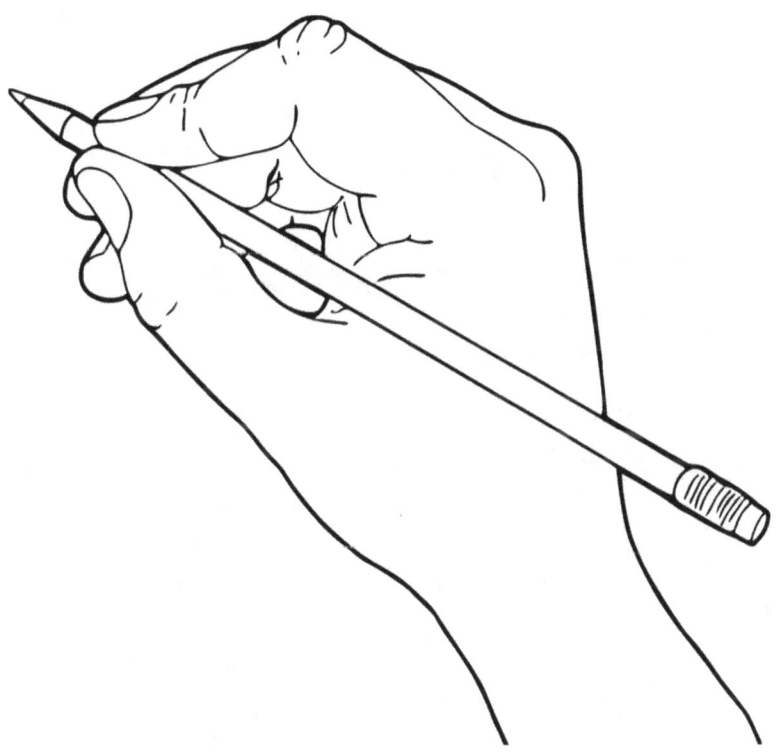

This Notebook belongs to:

_____

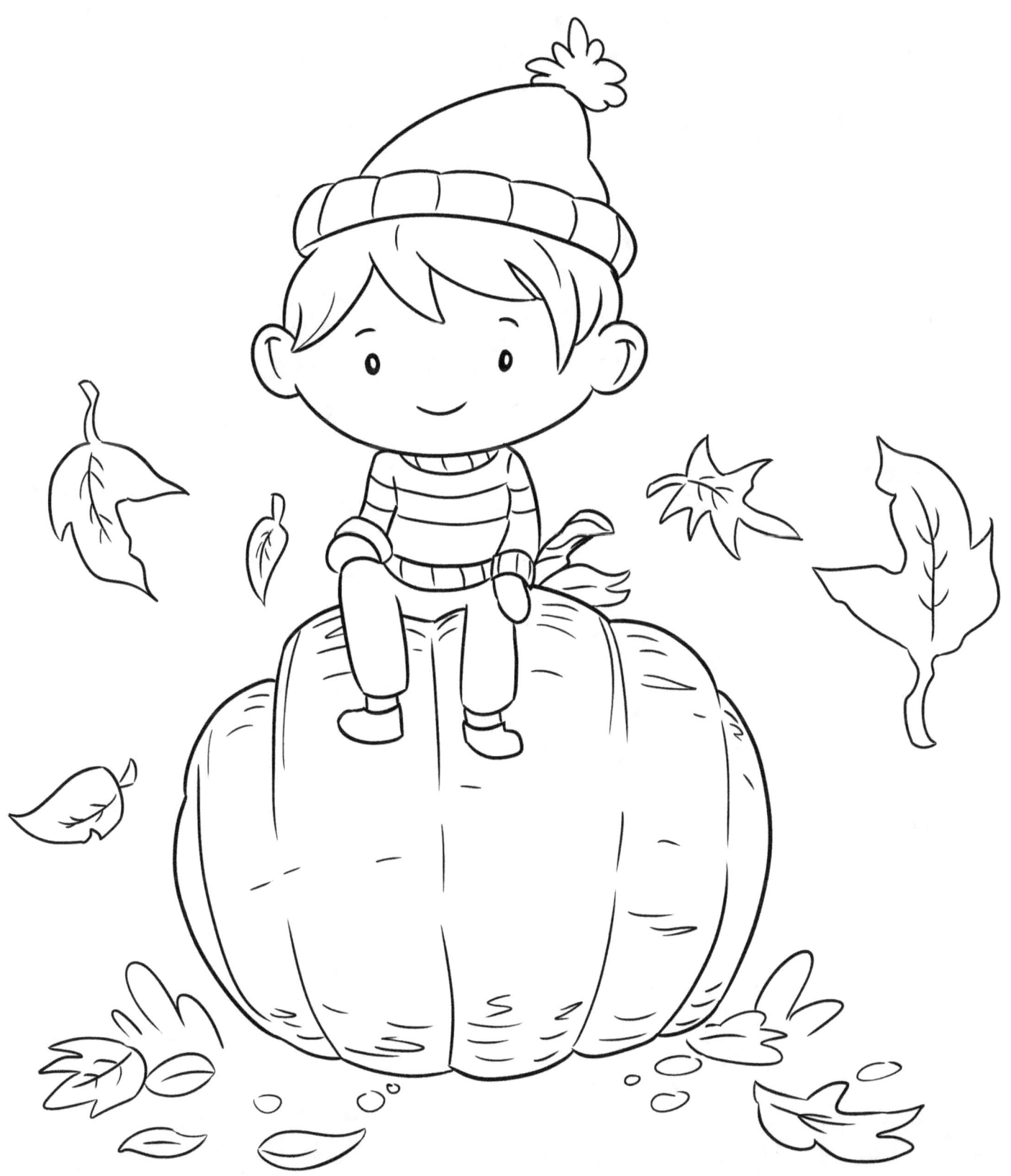

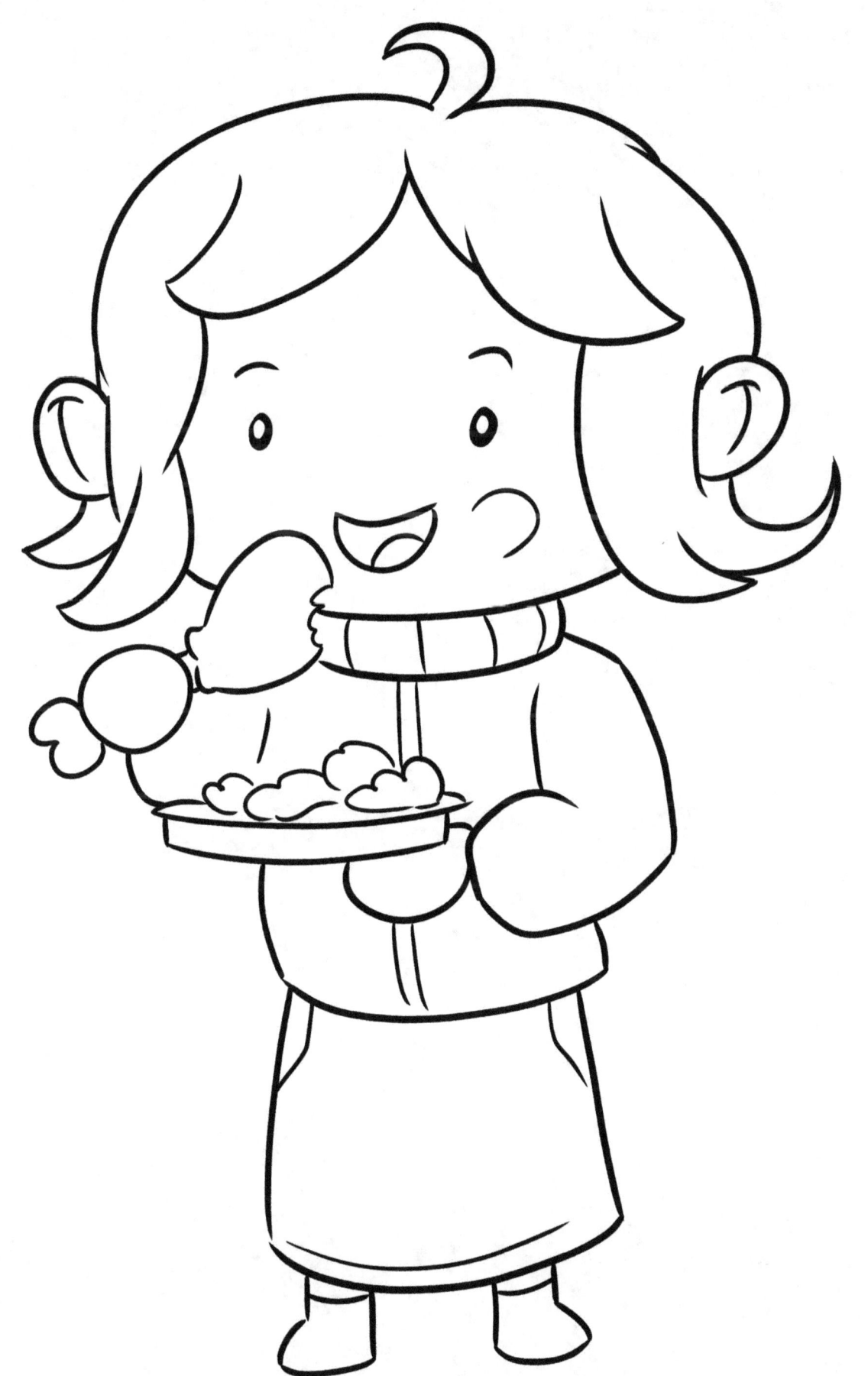

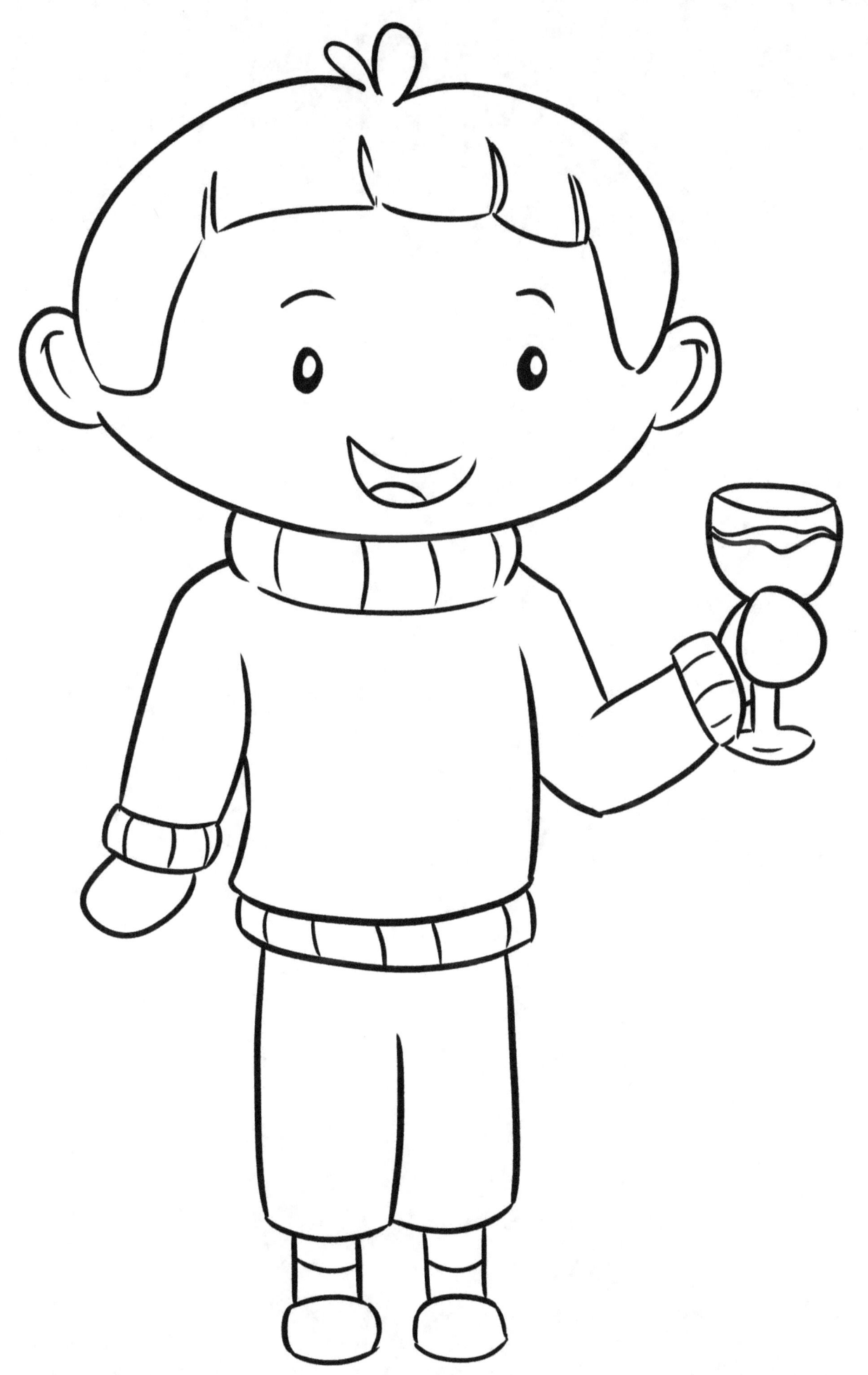

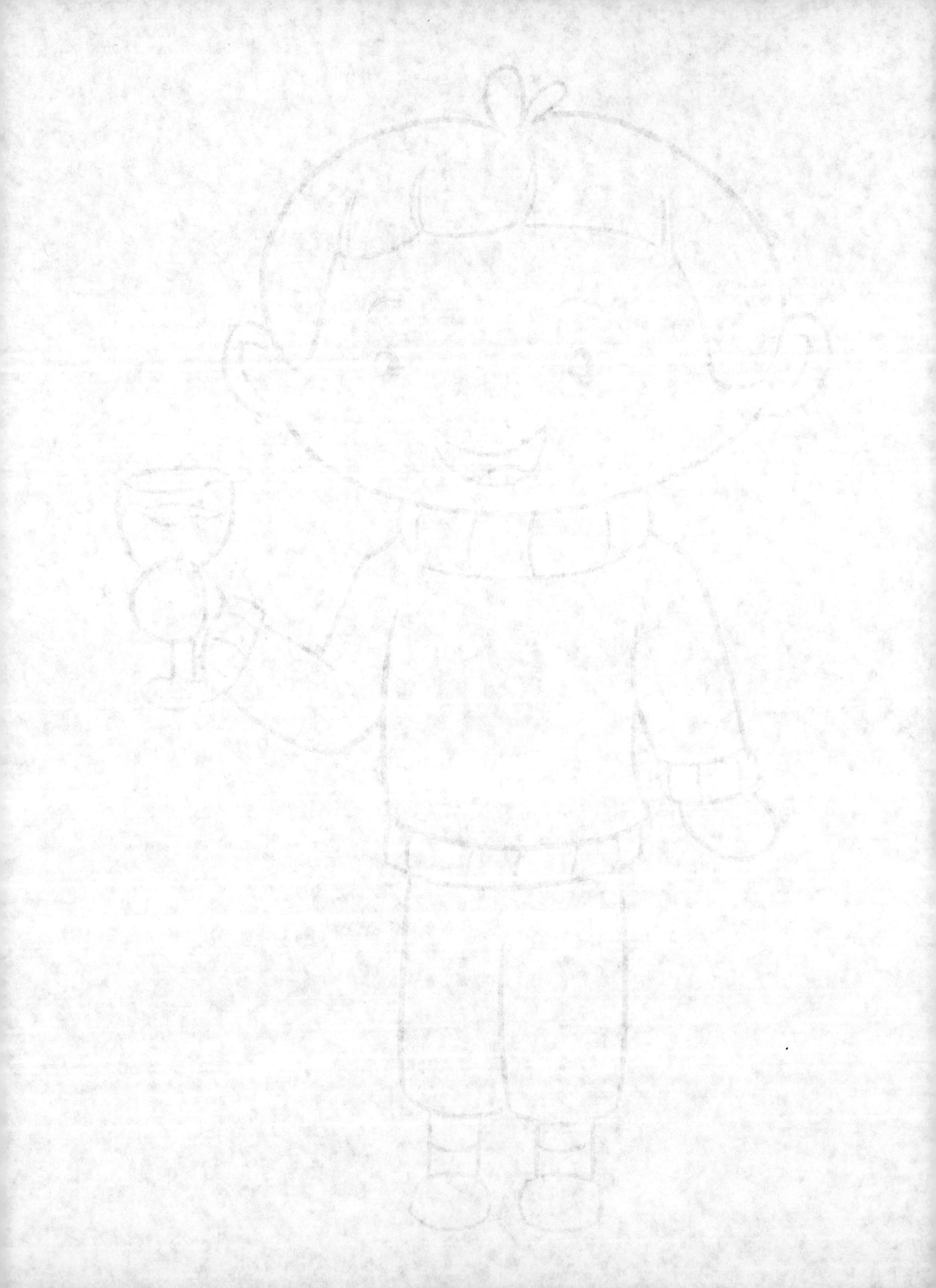

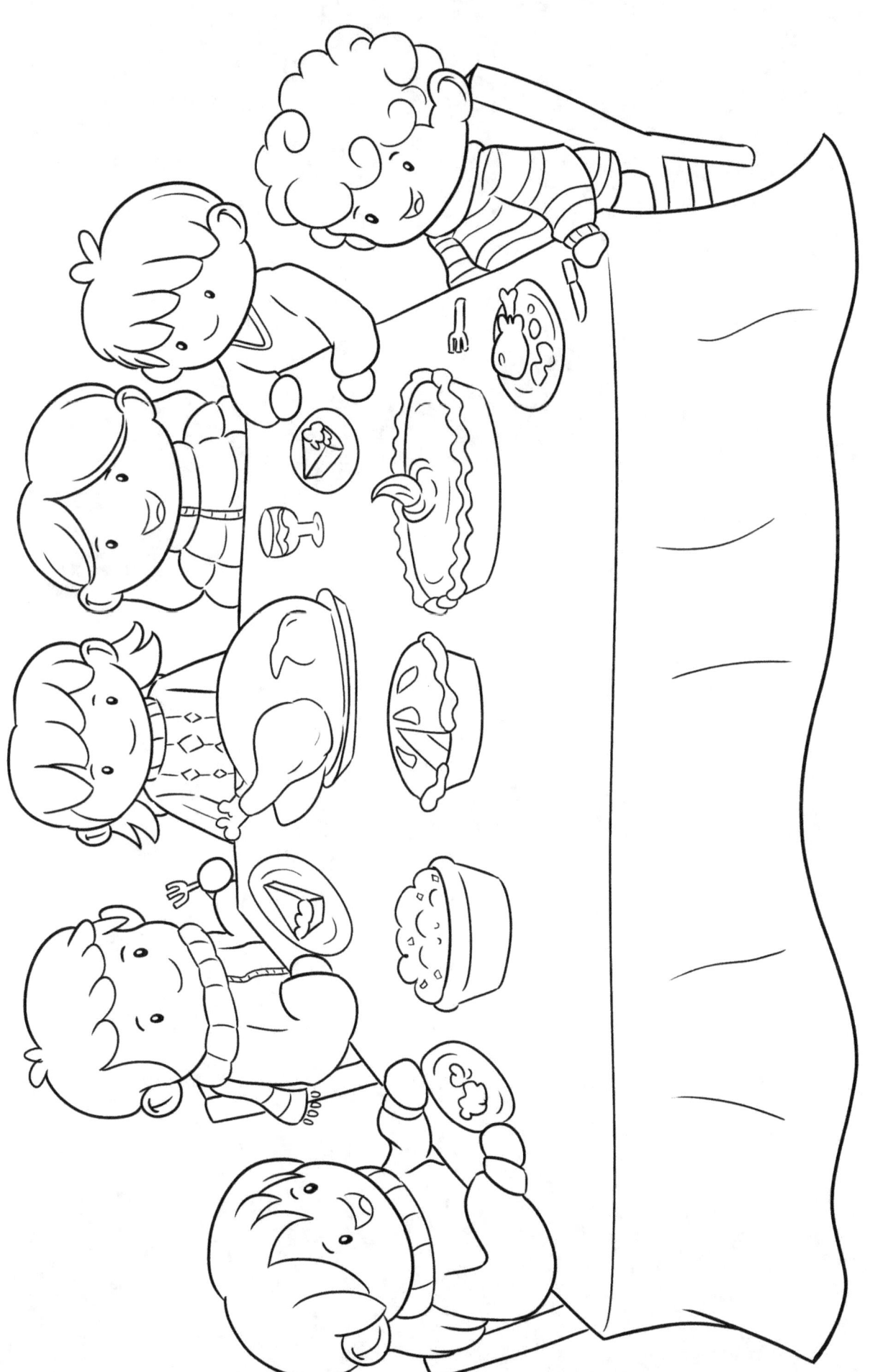

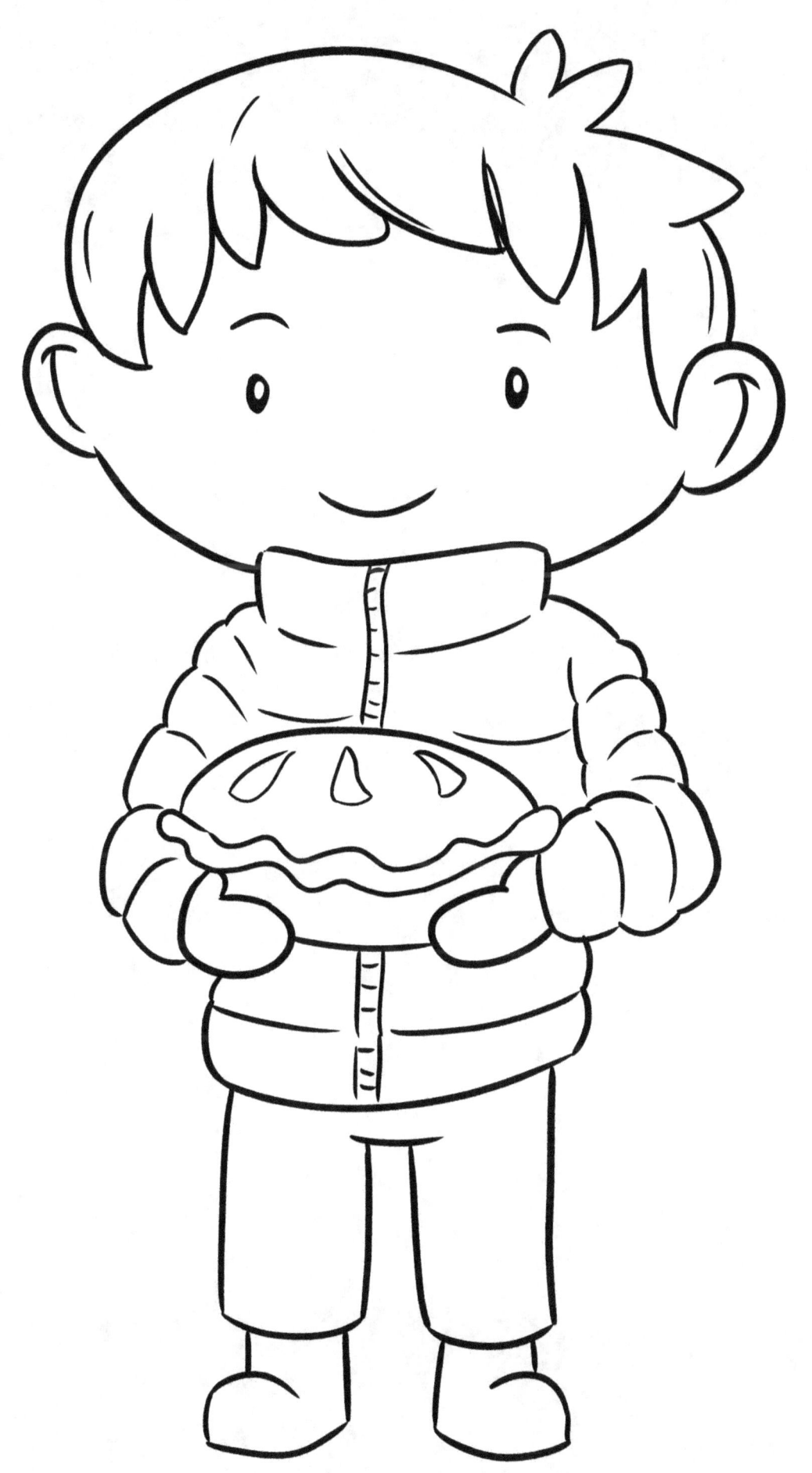

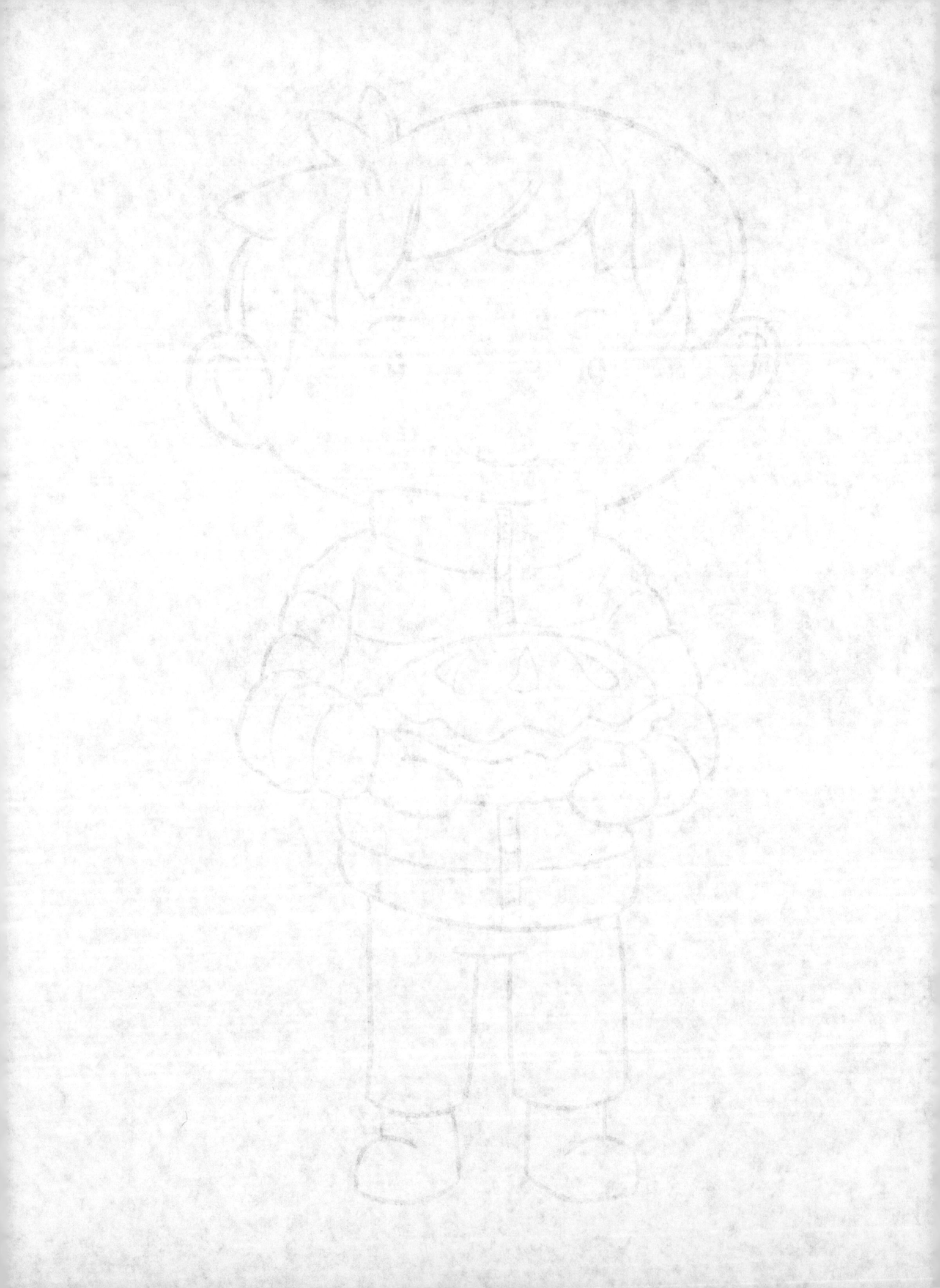

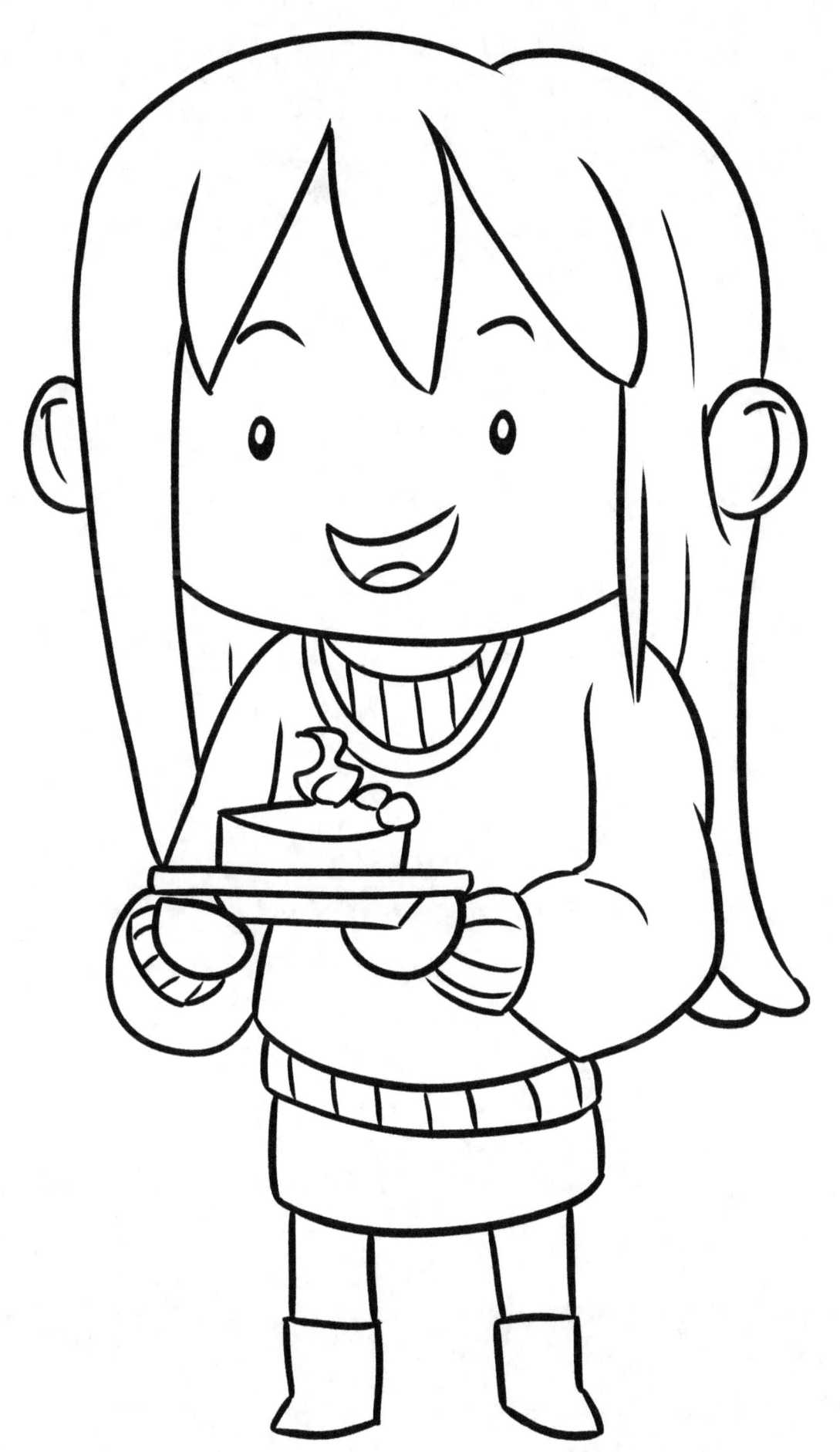

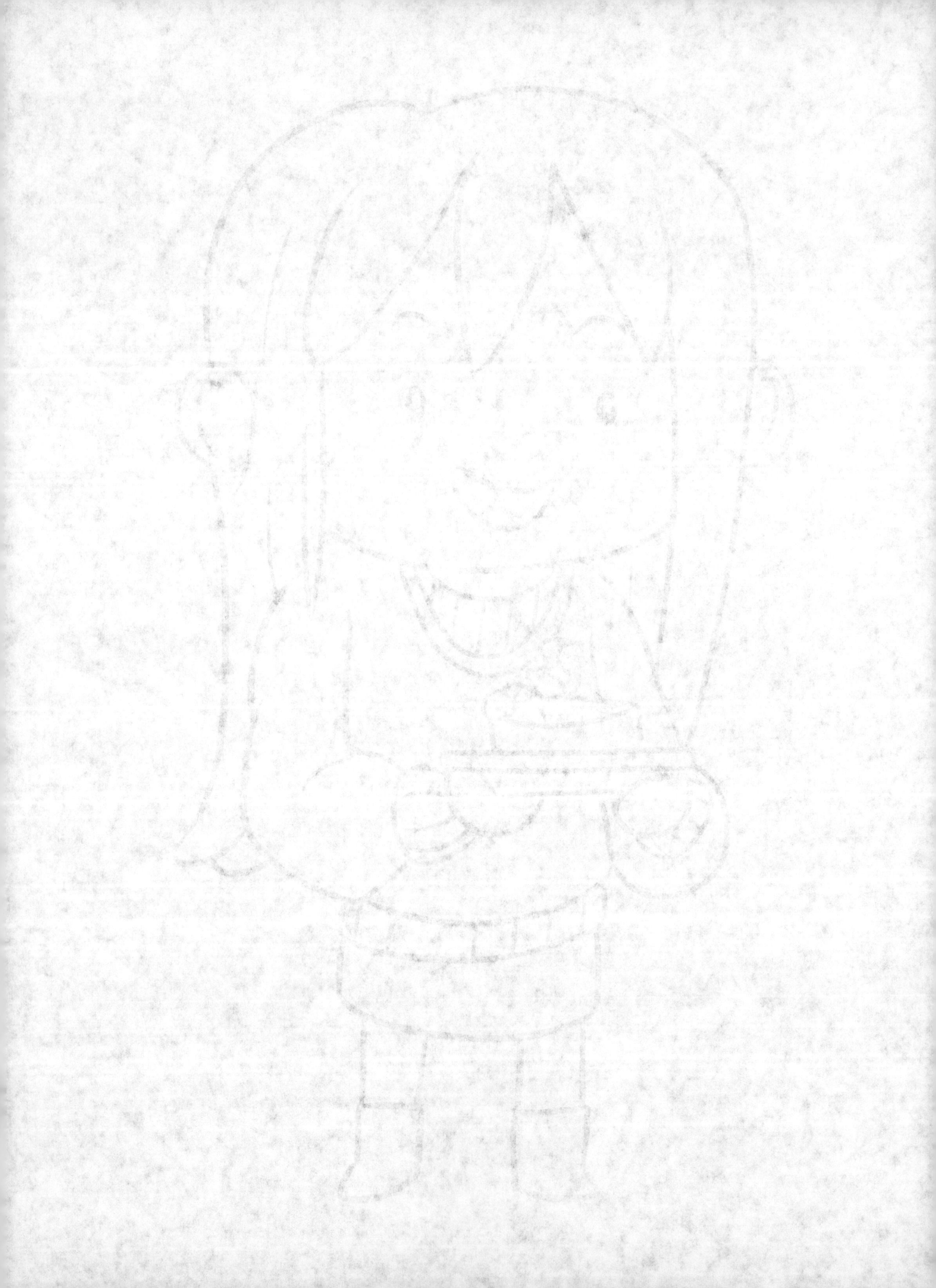

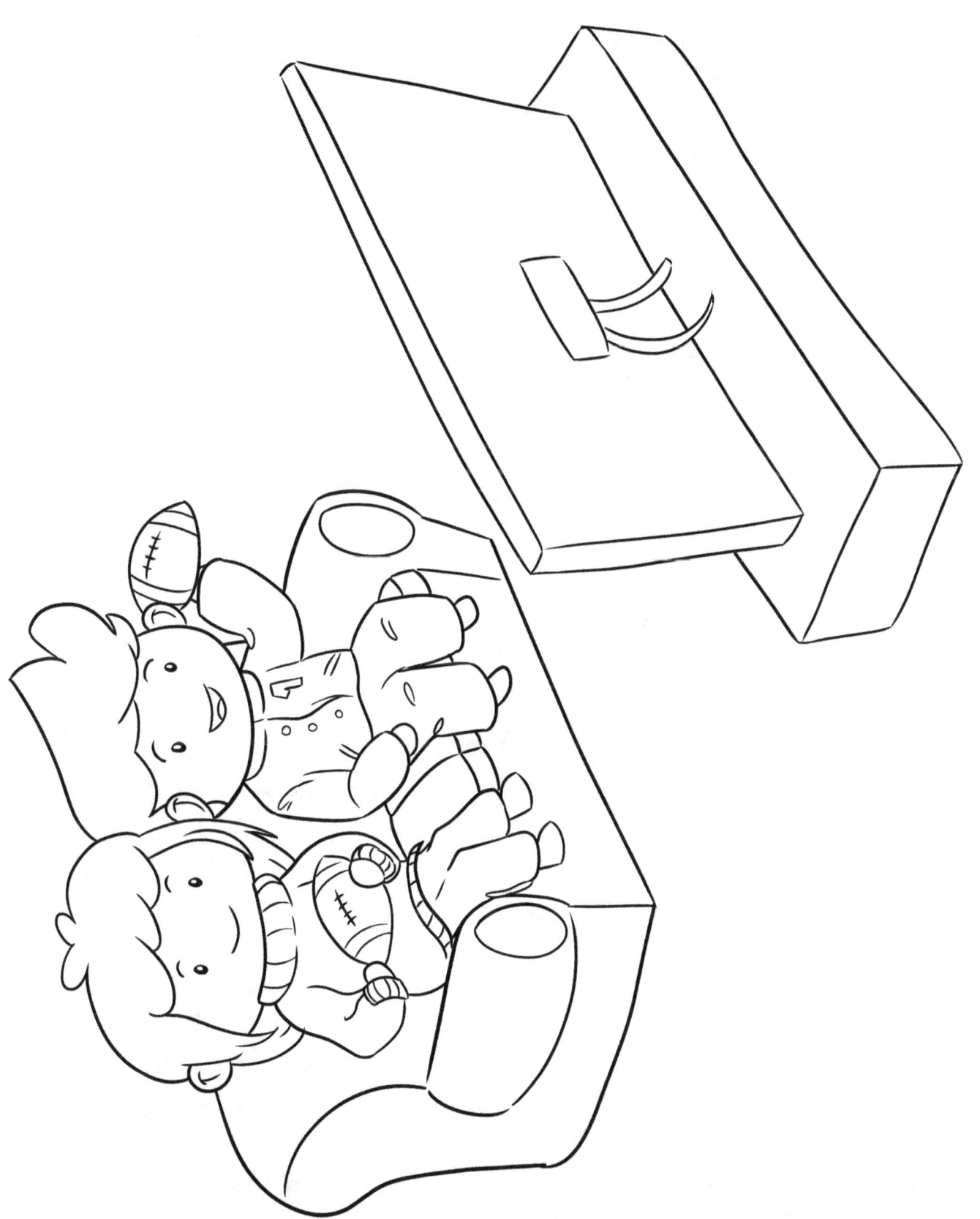

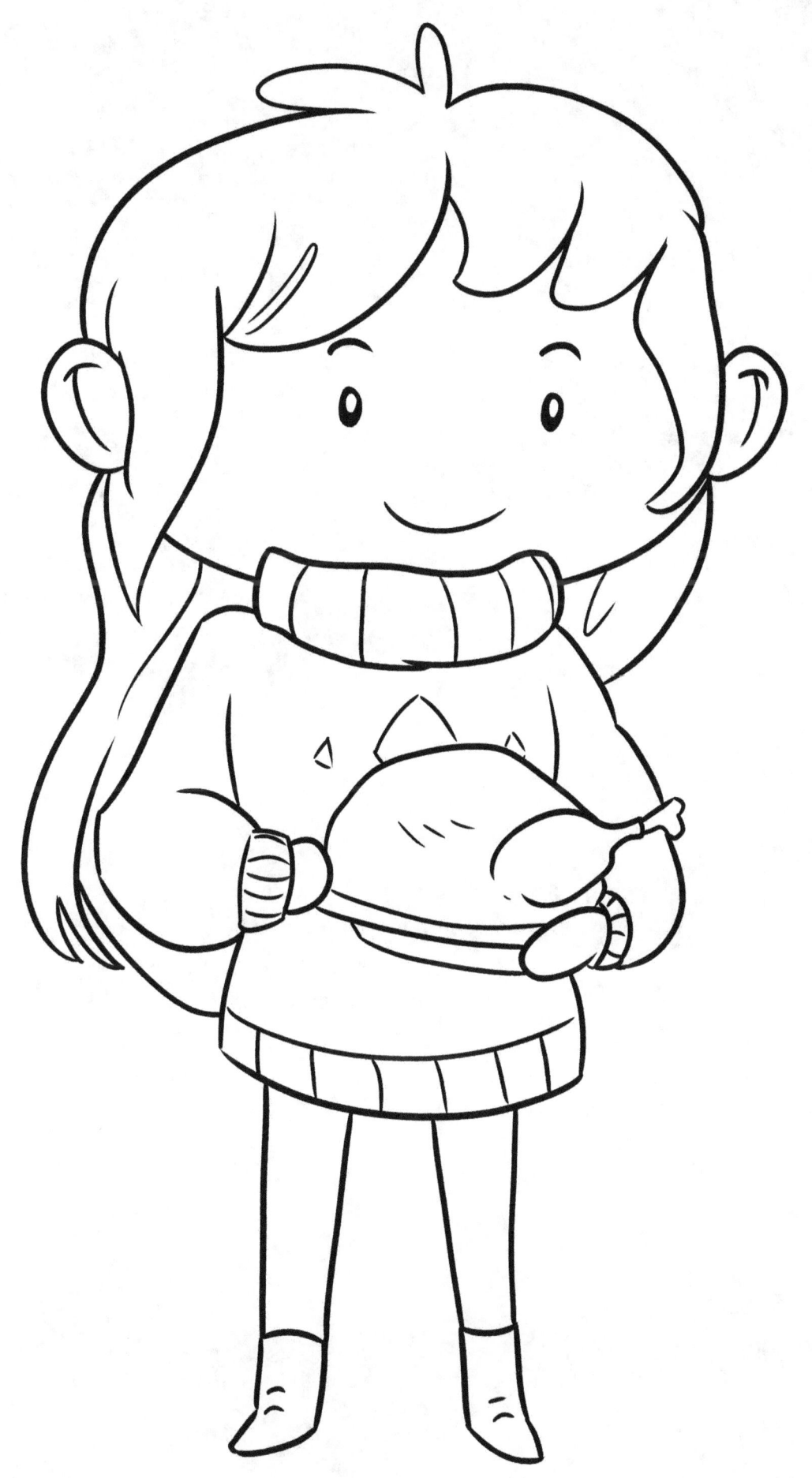

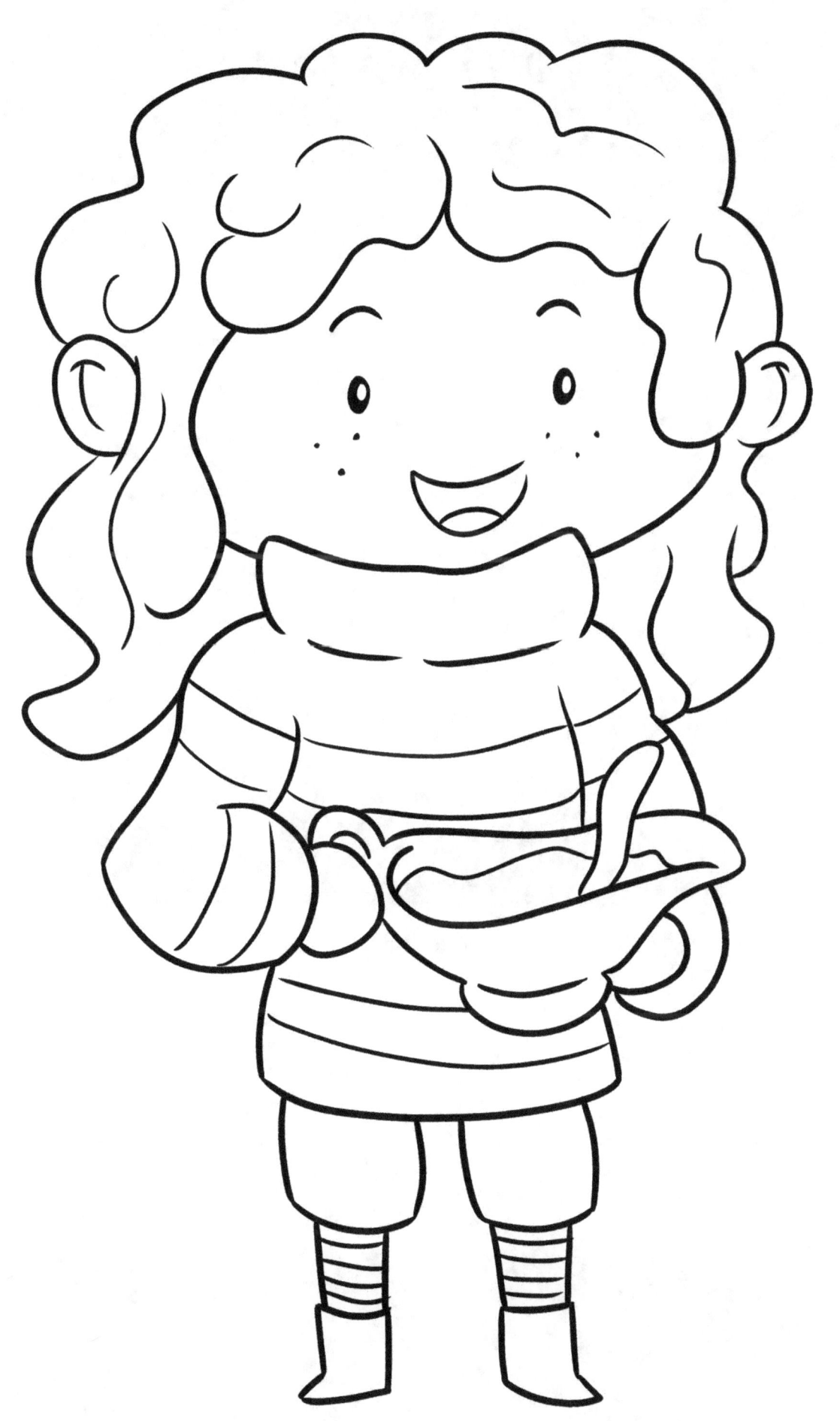

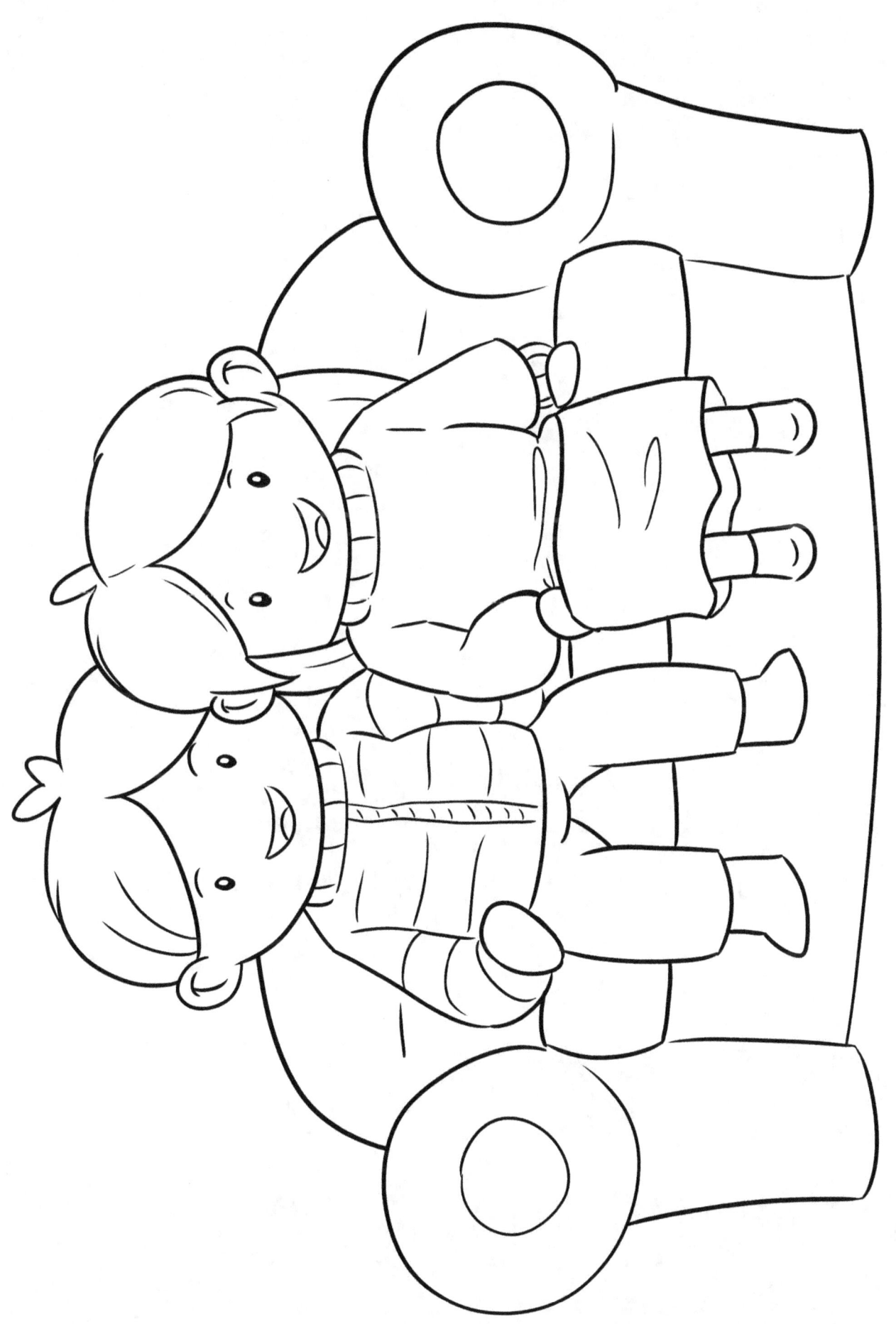

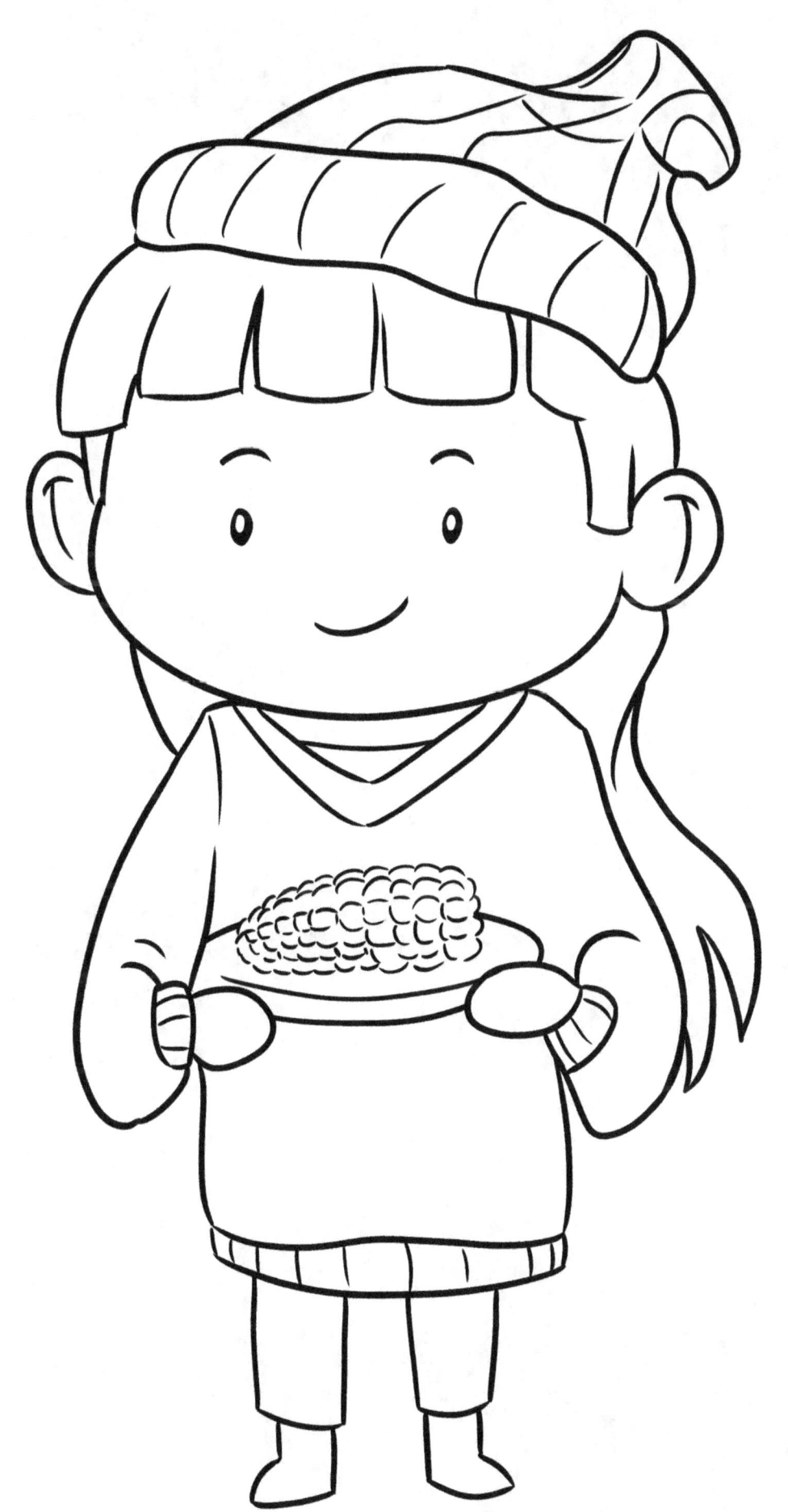

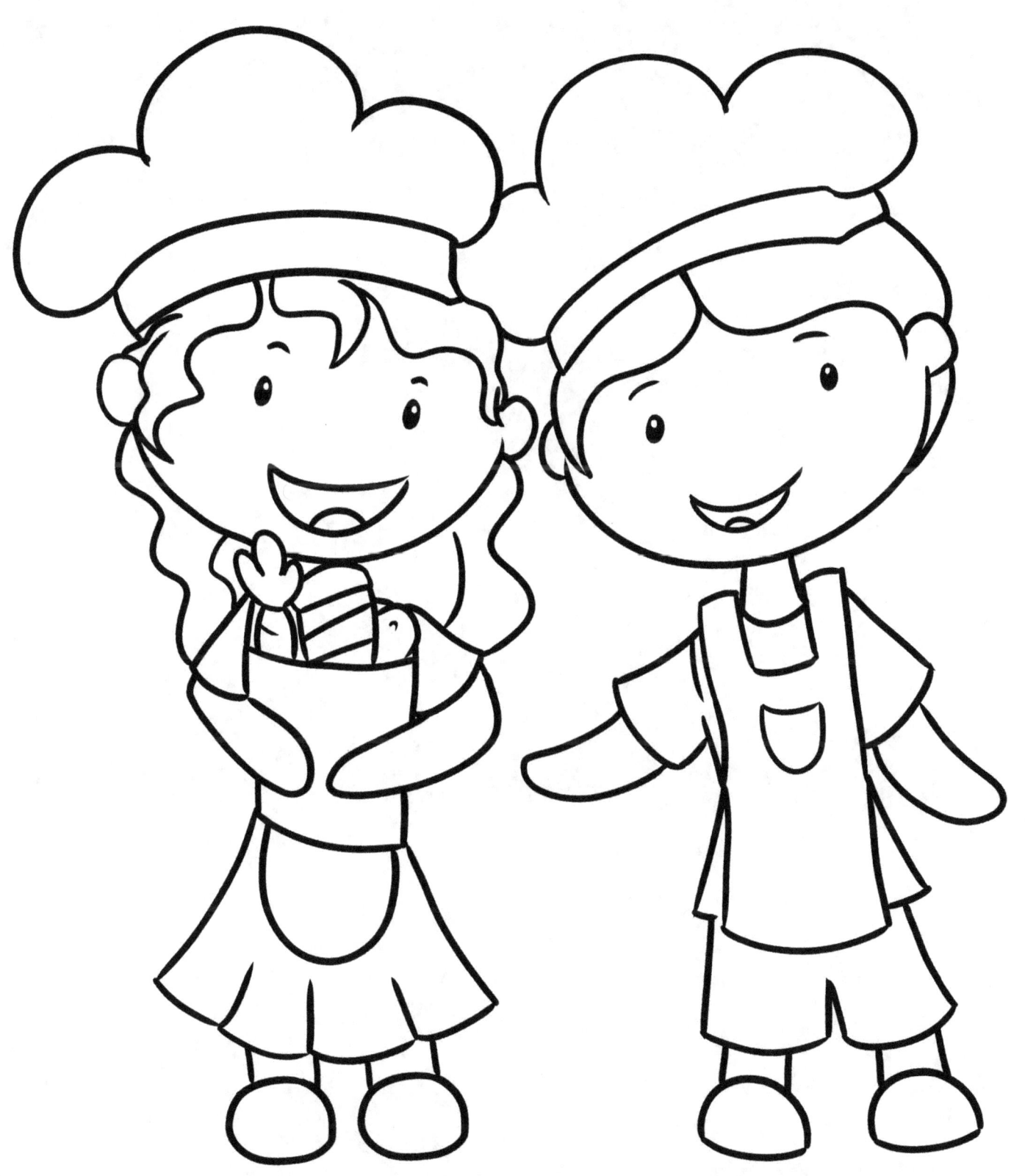

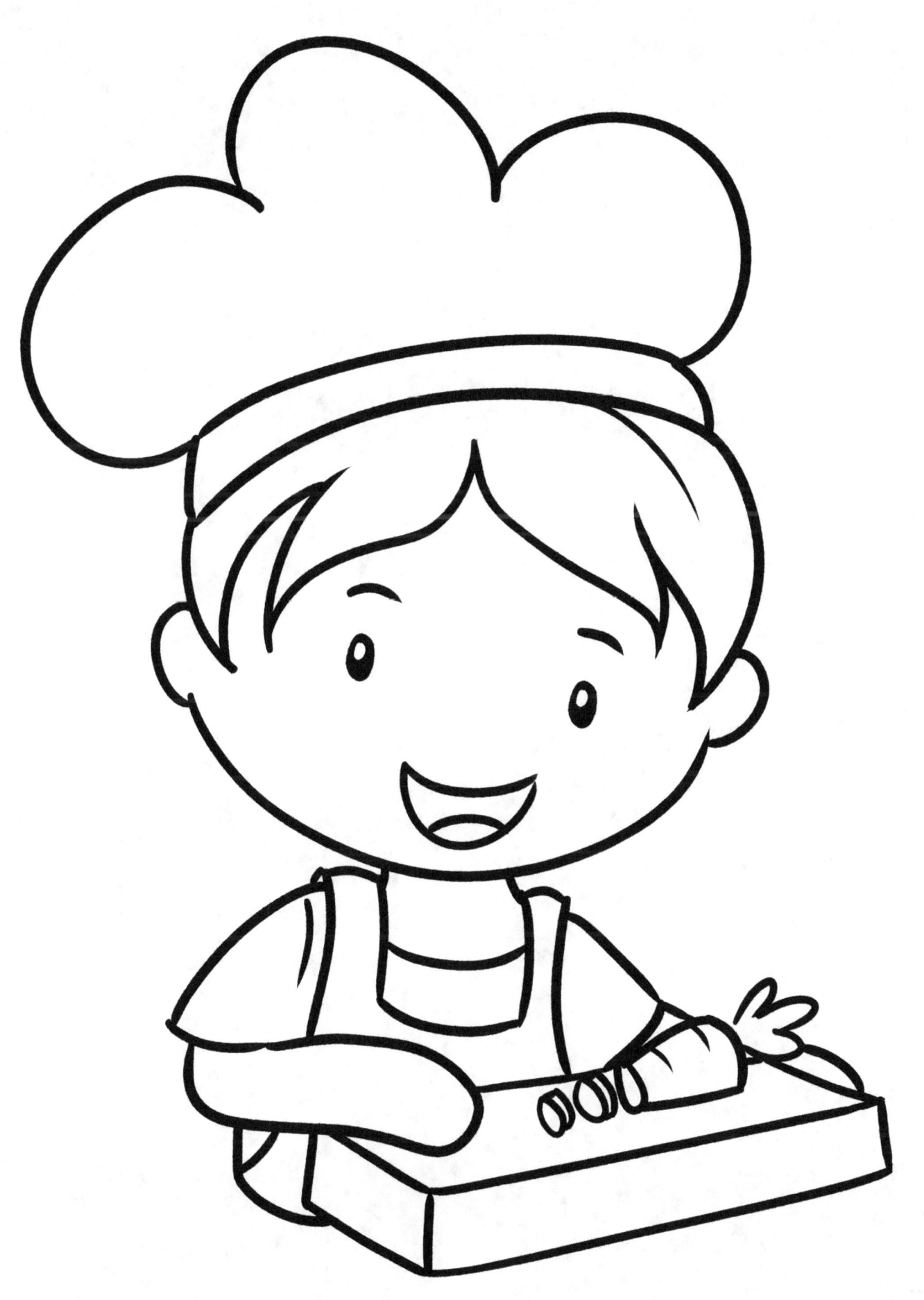

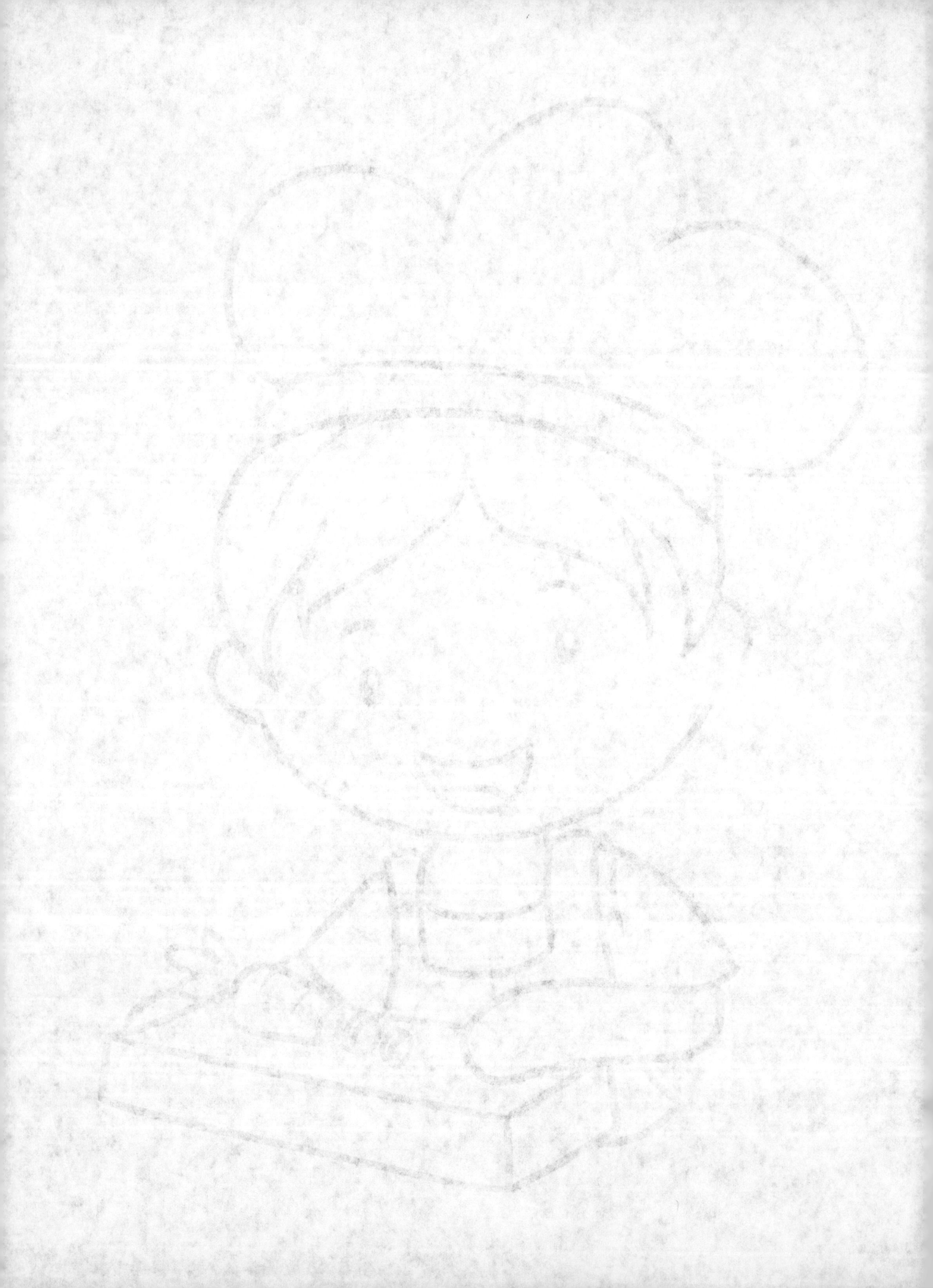

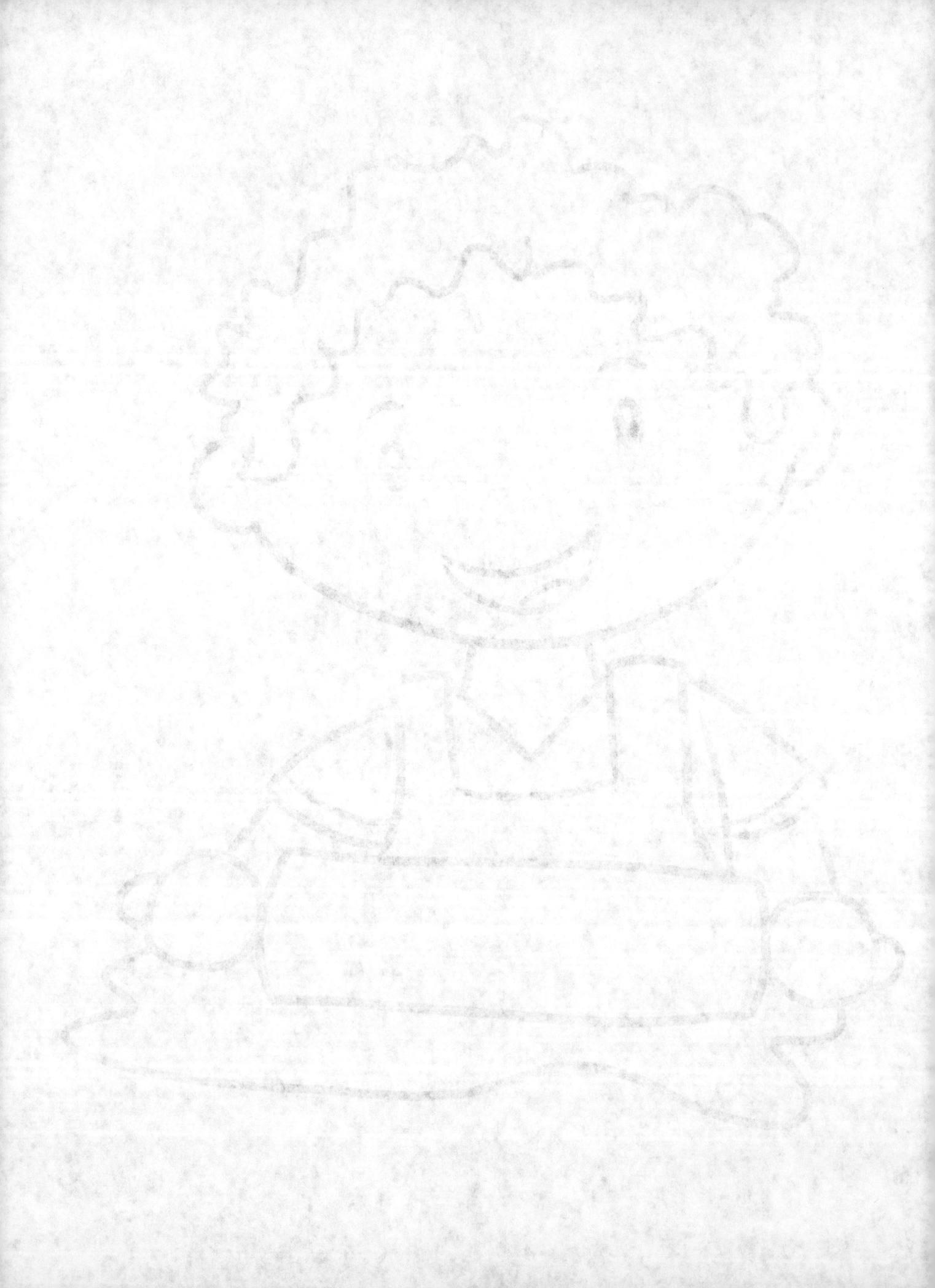

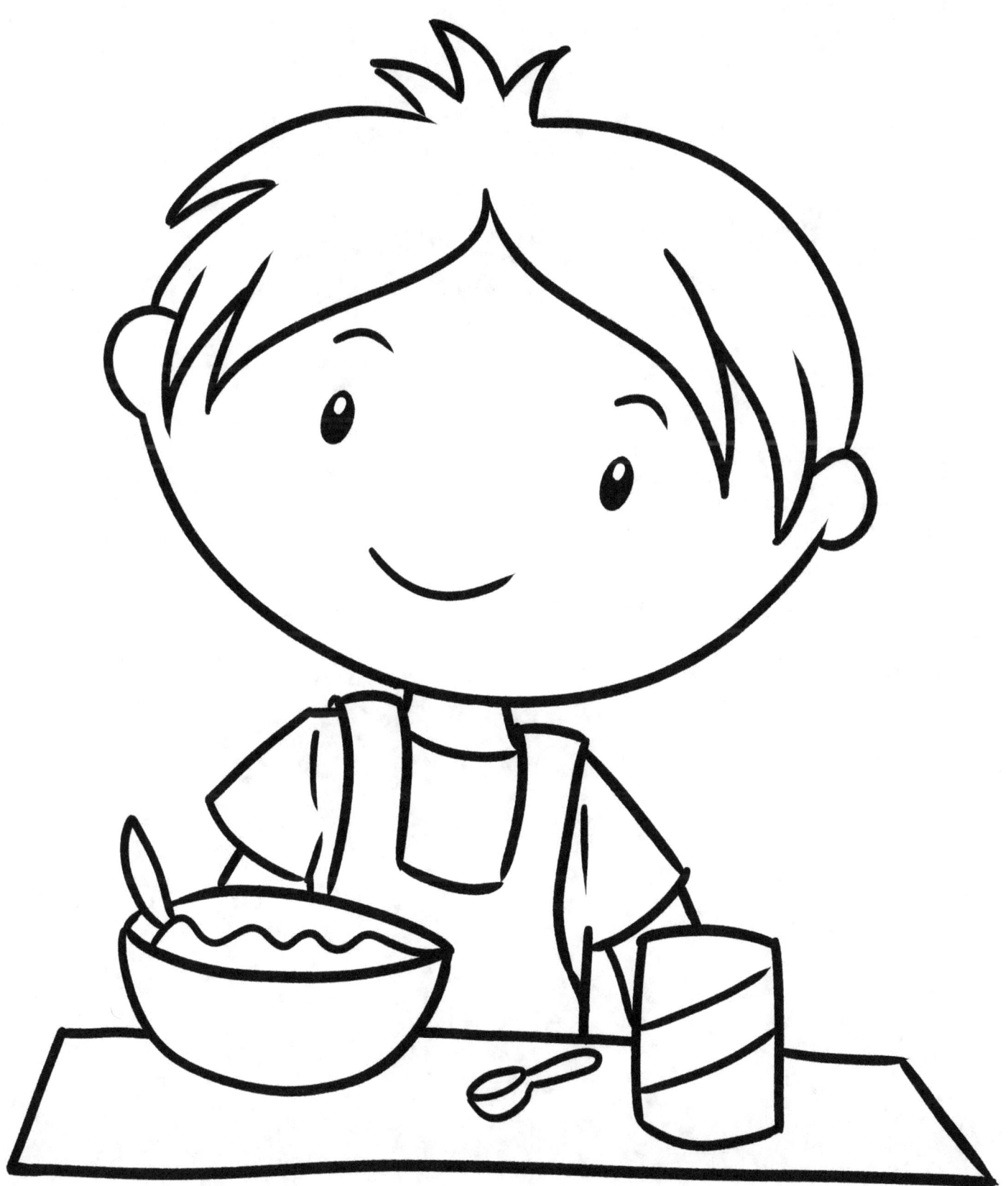

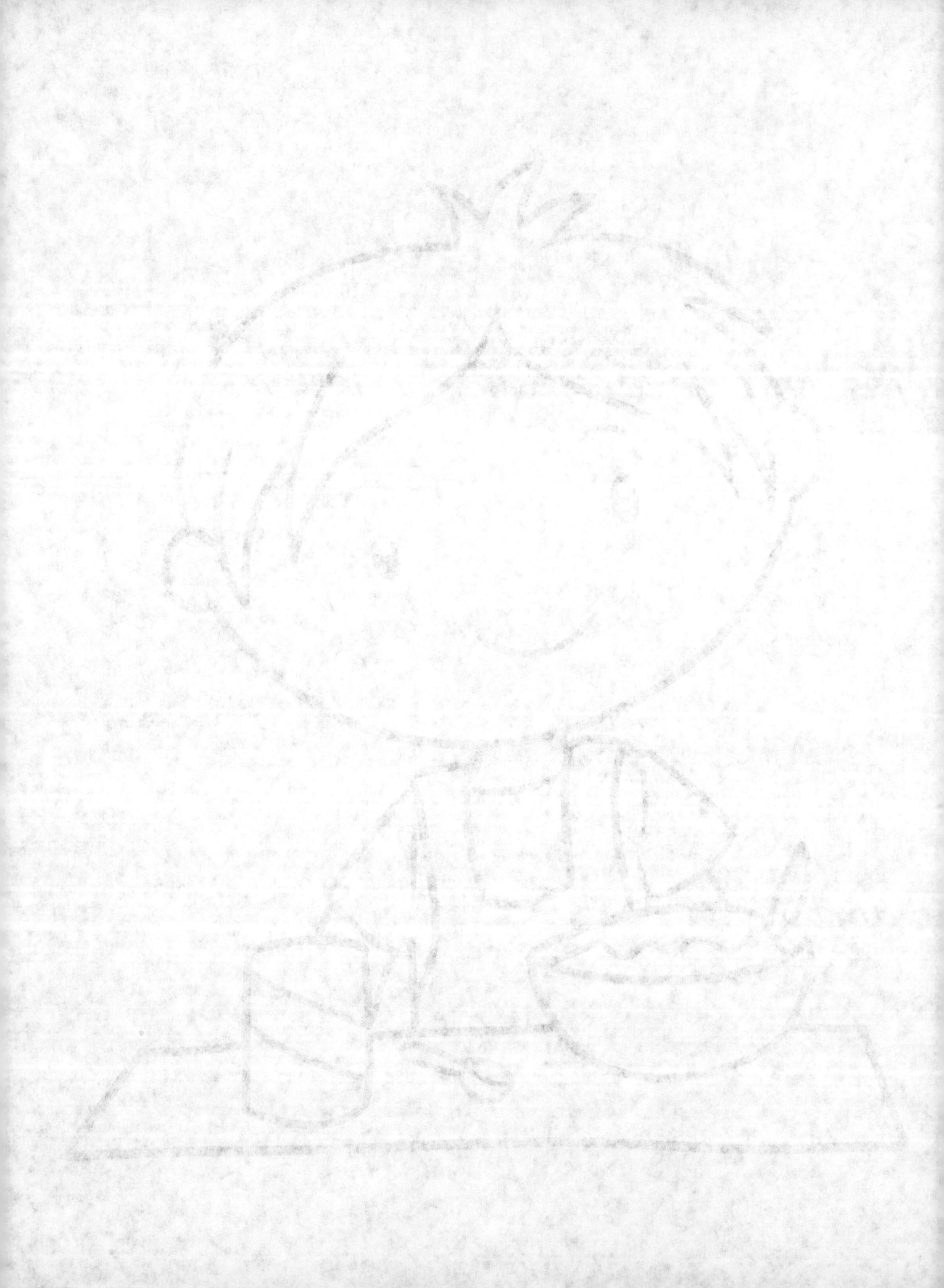

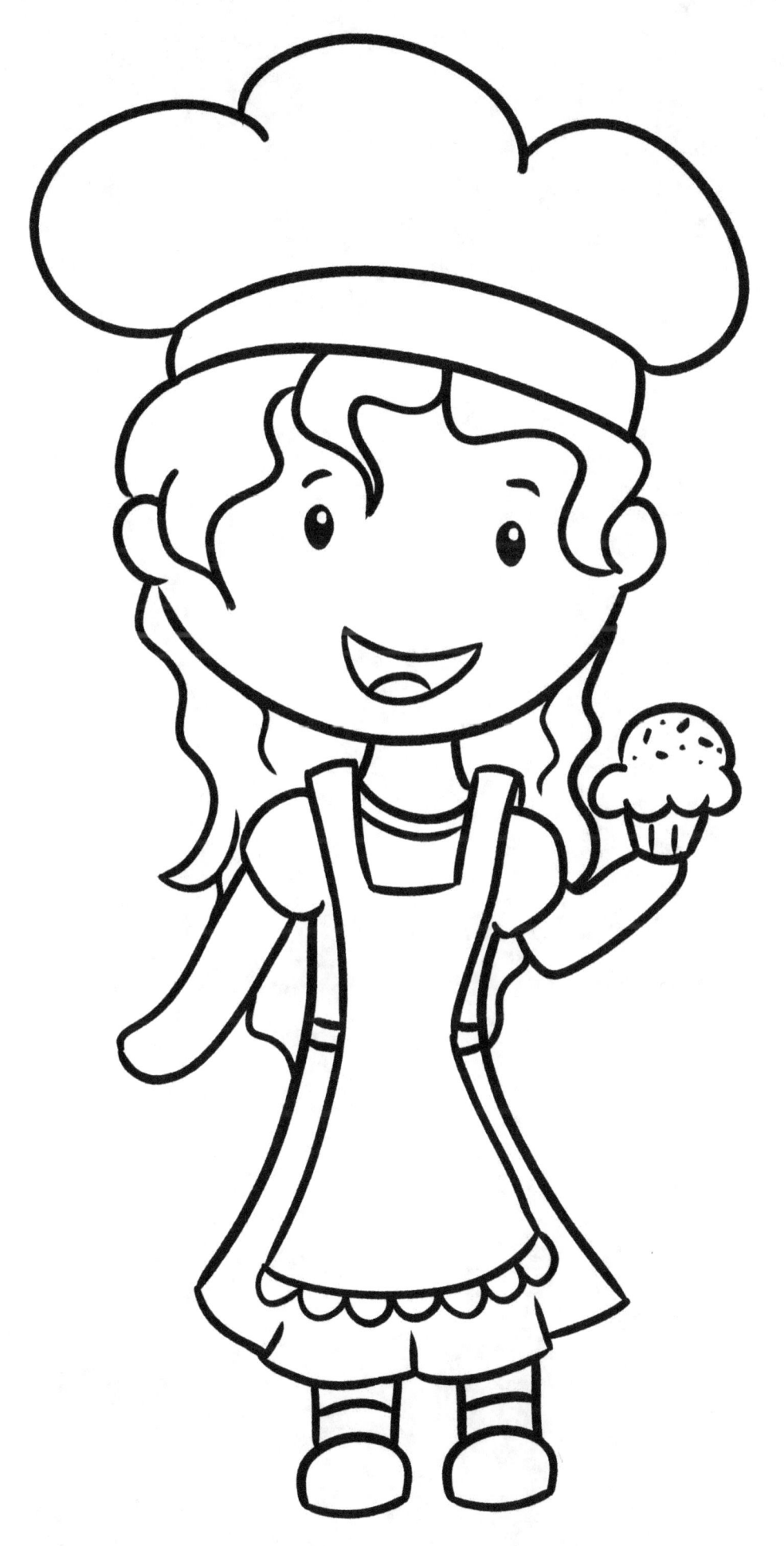

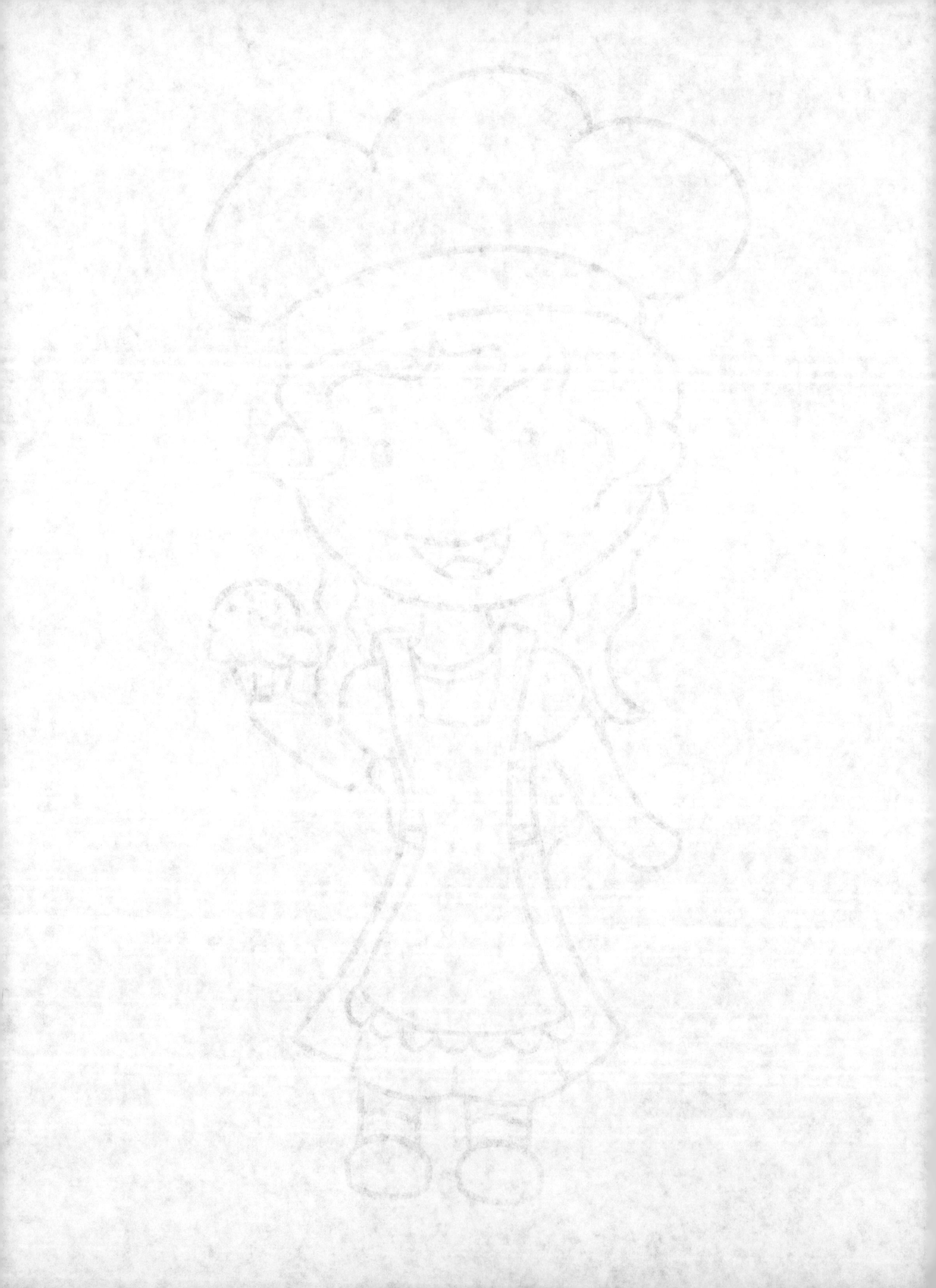

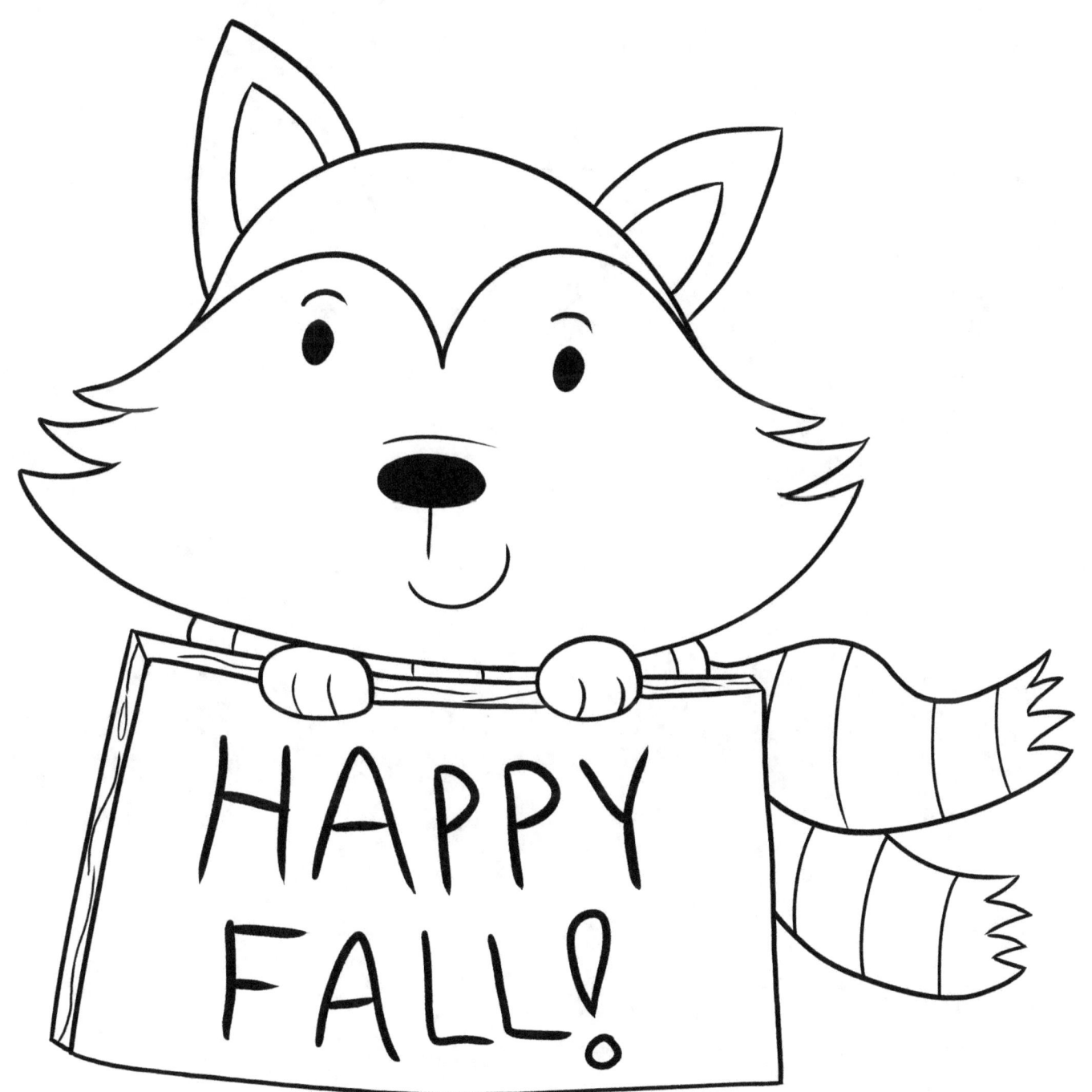

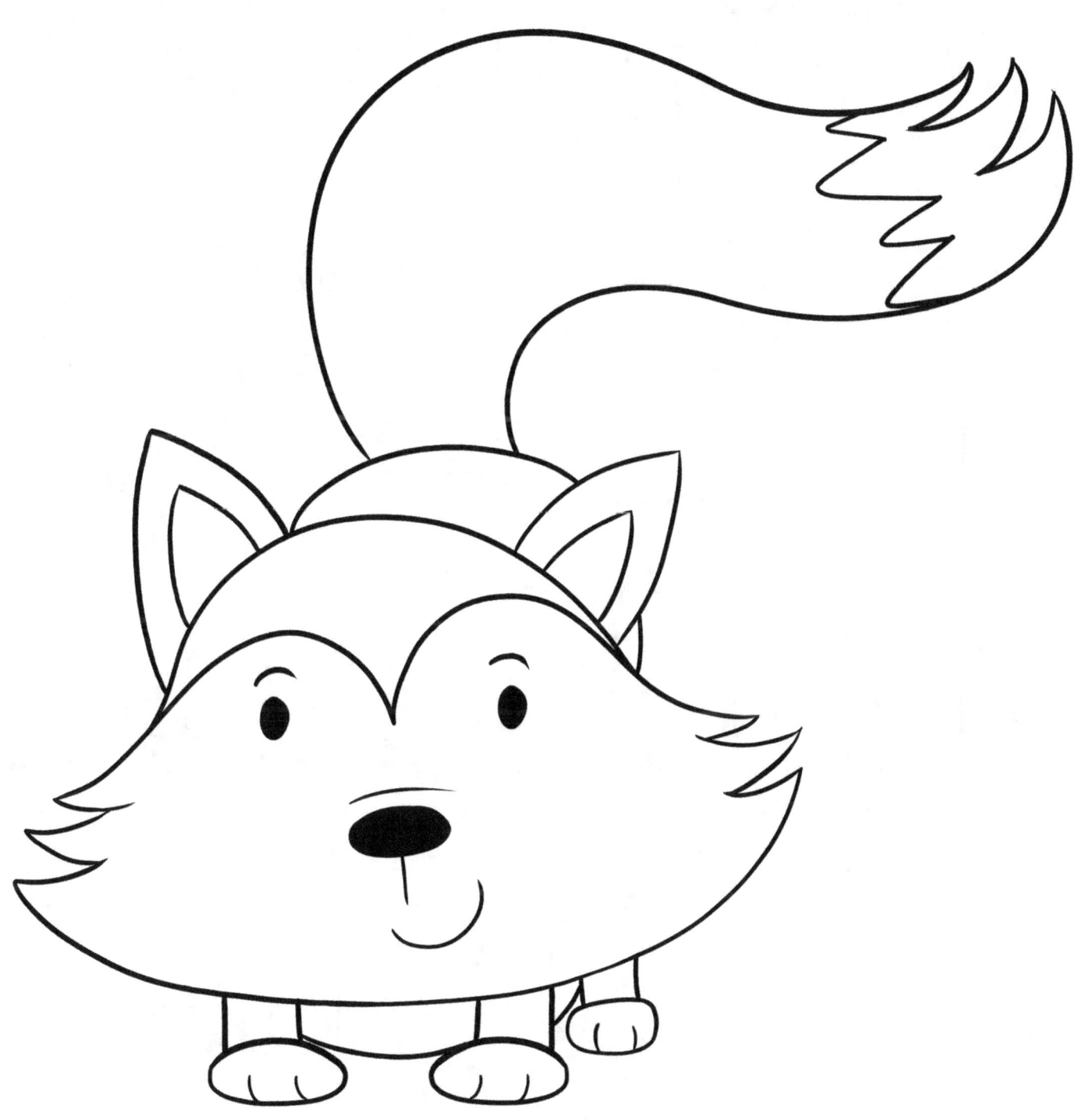

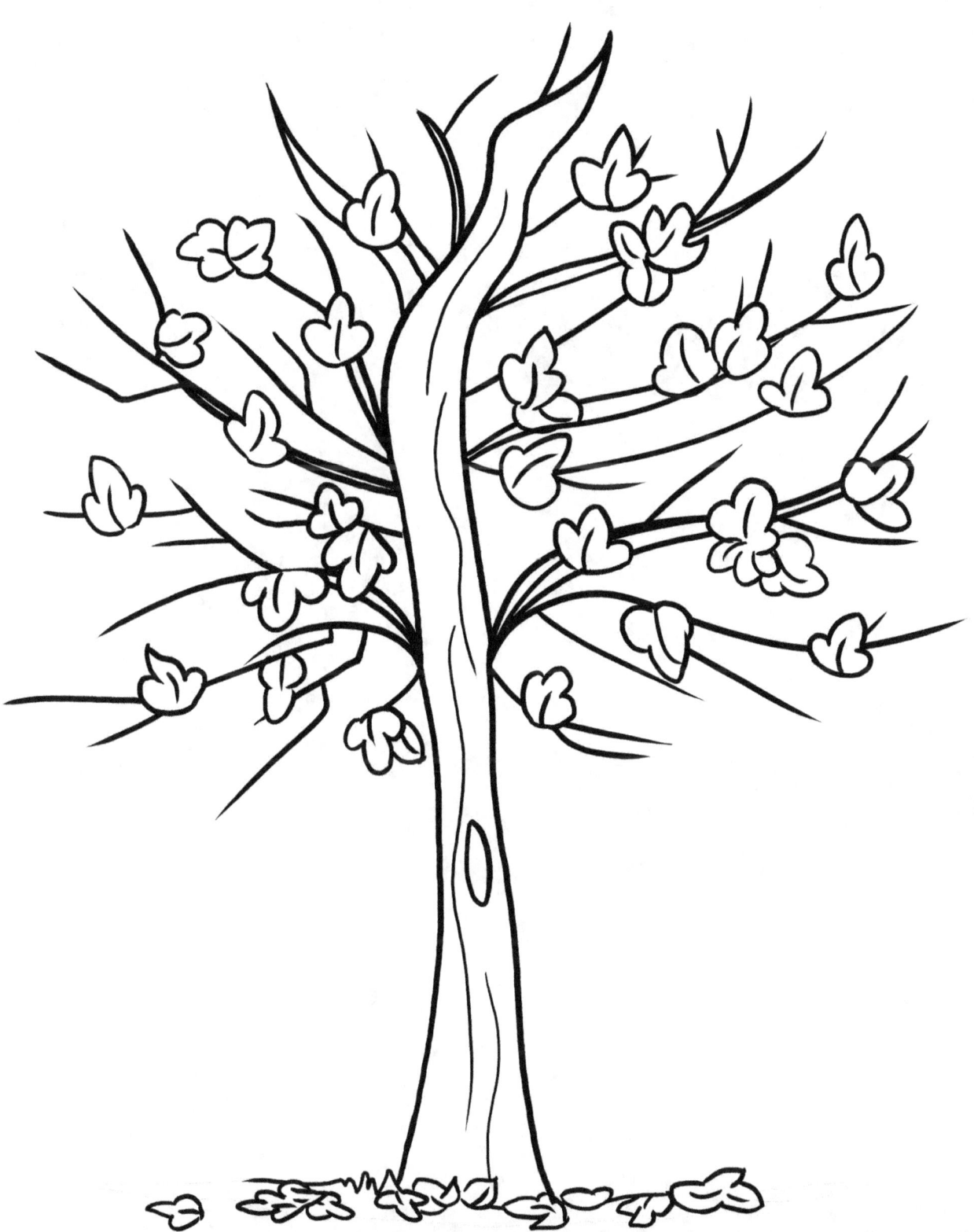

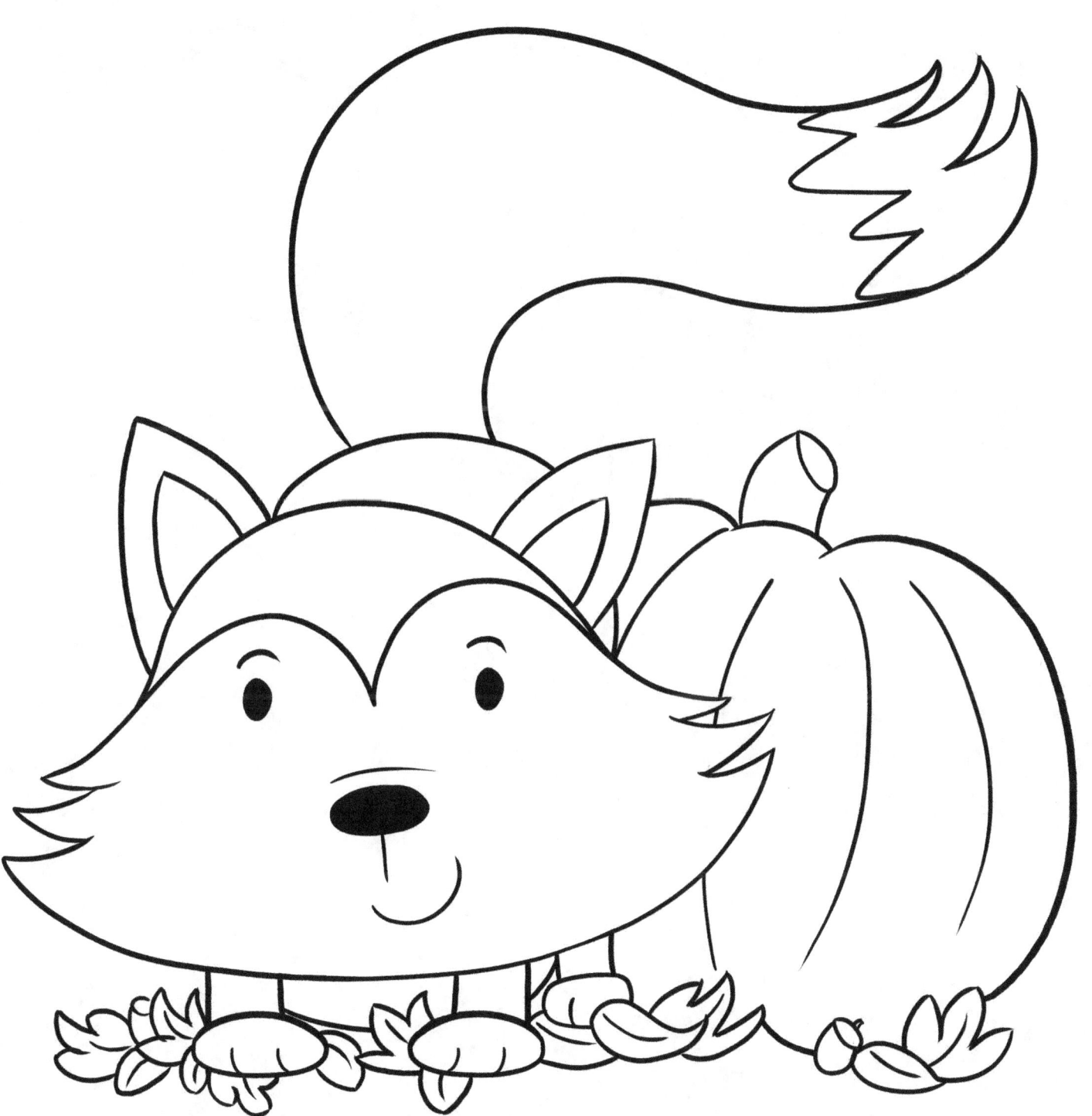

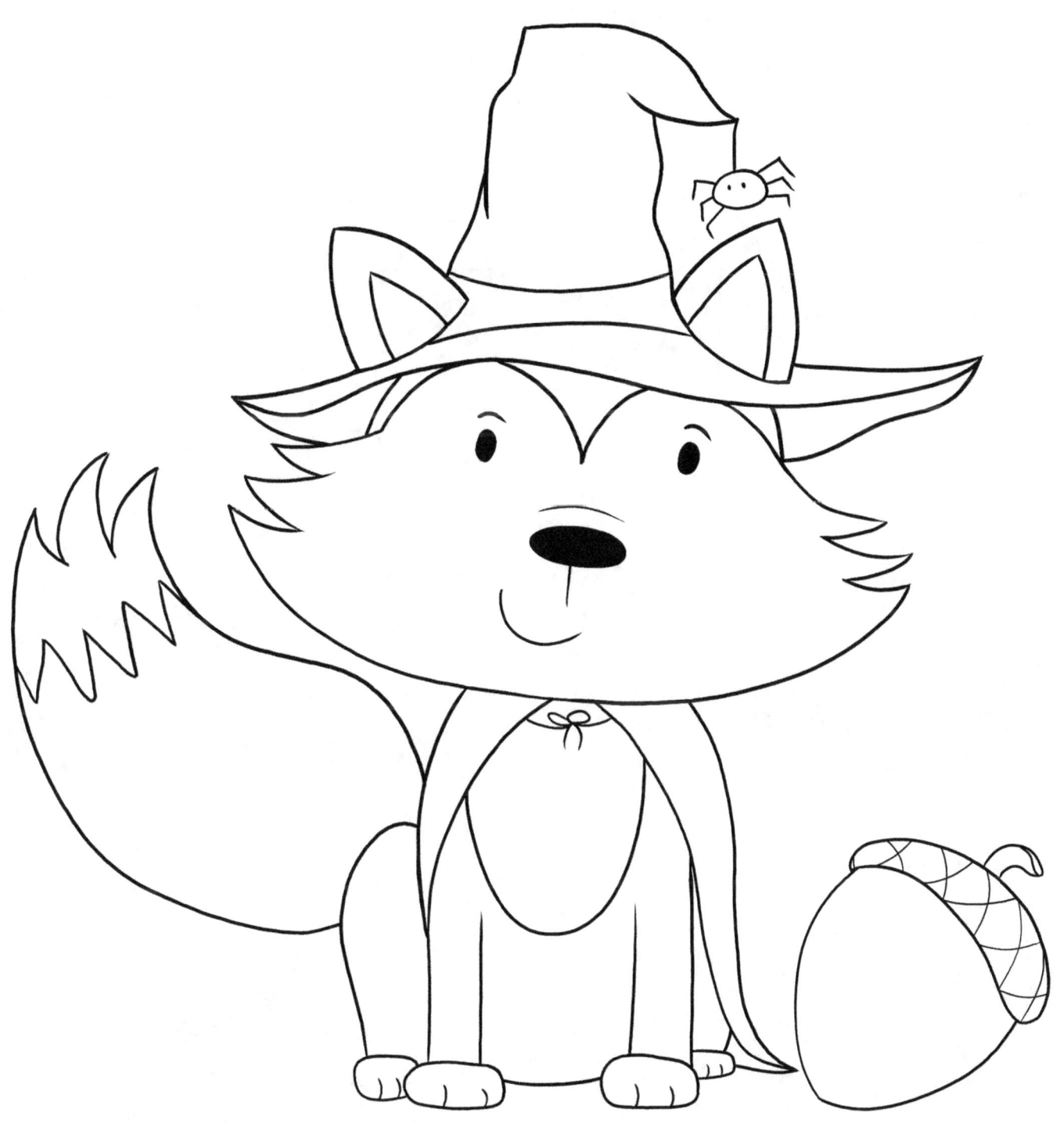

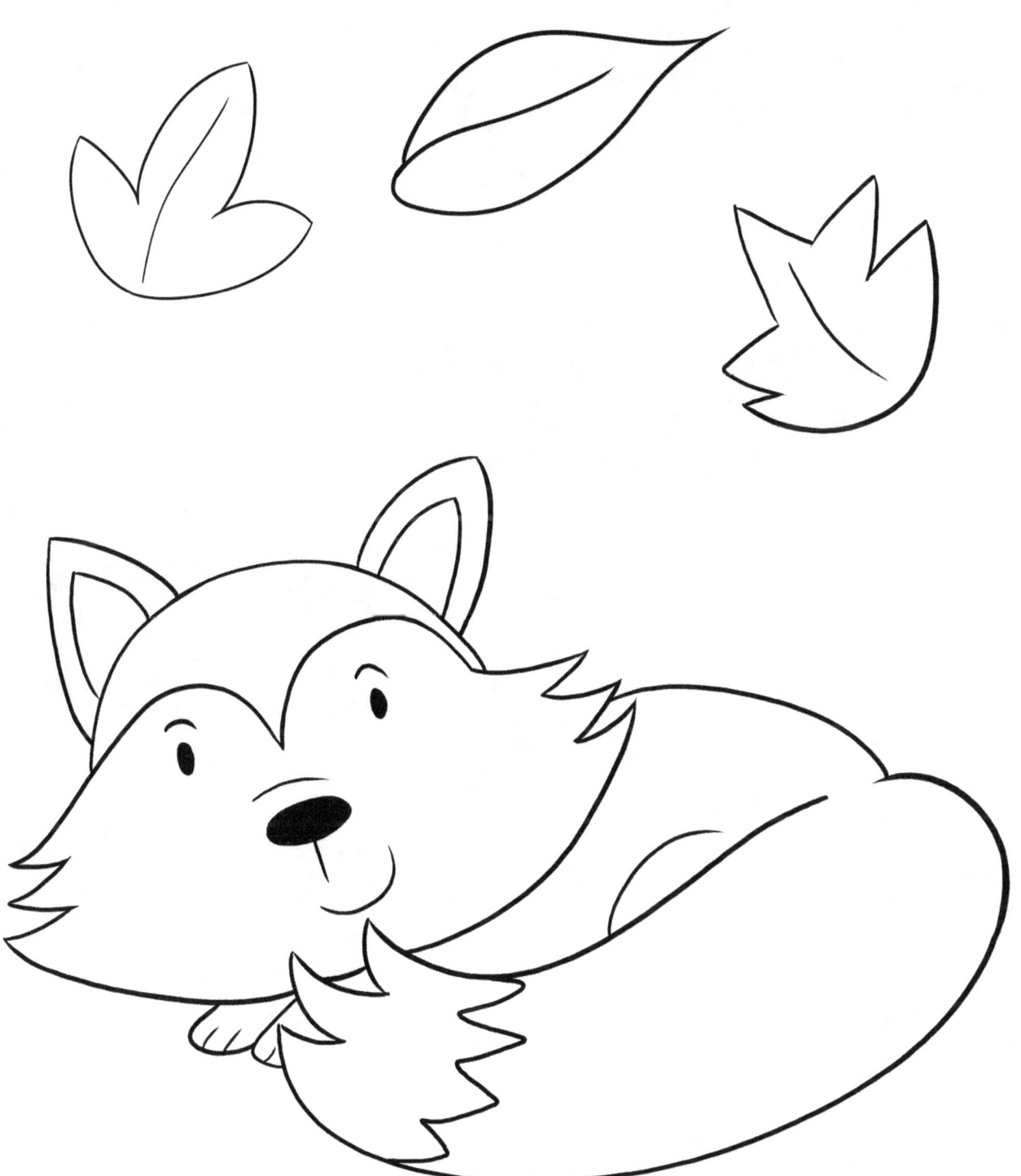

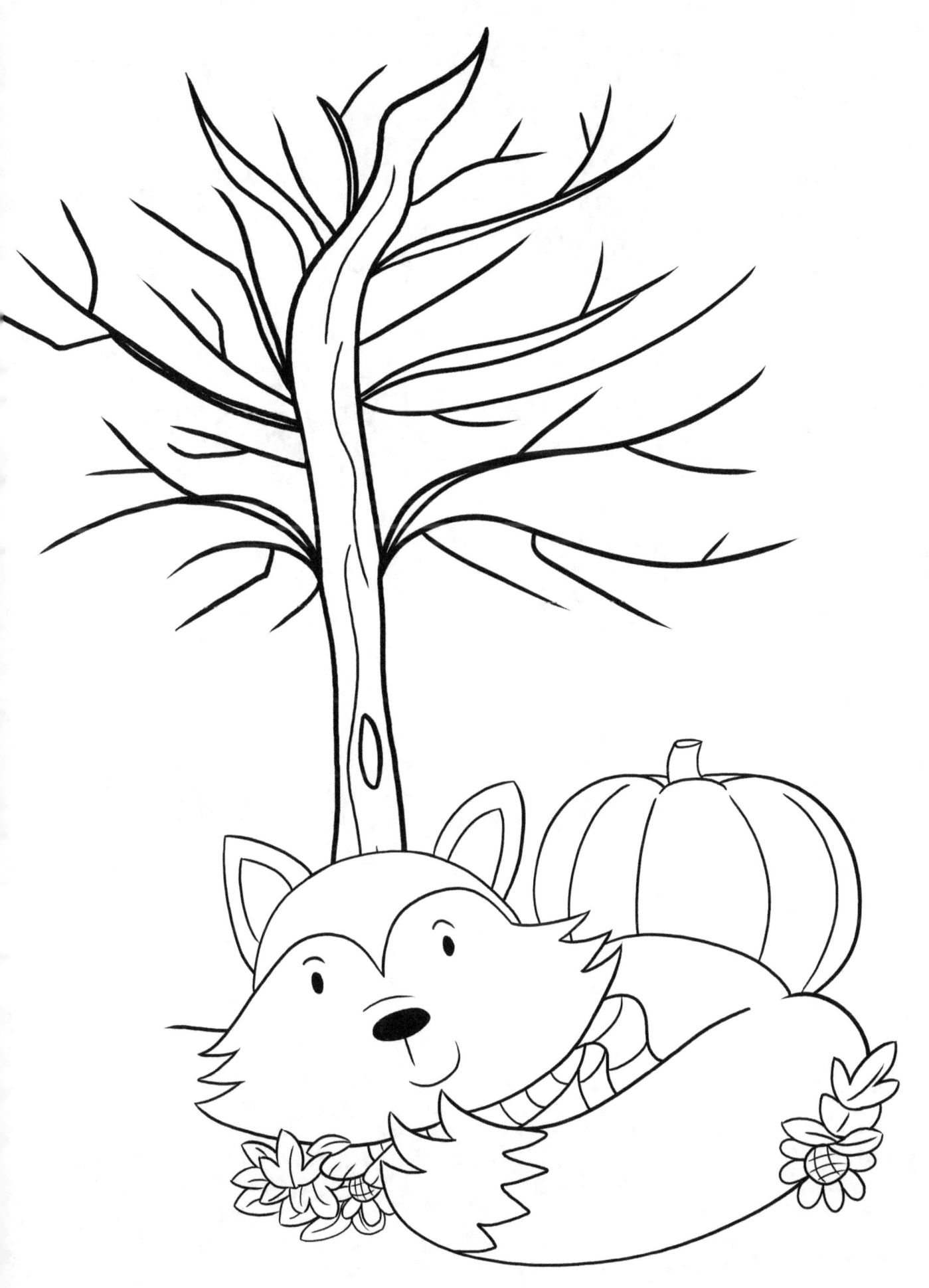

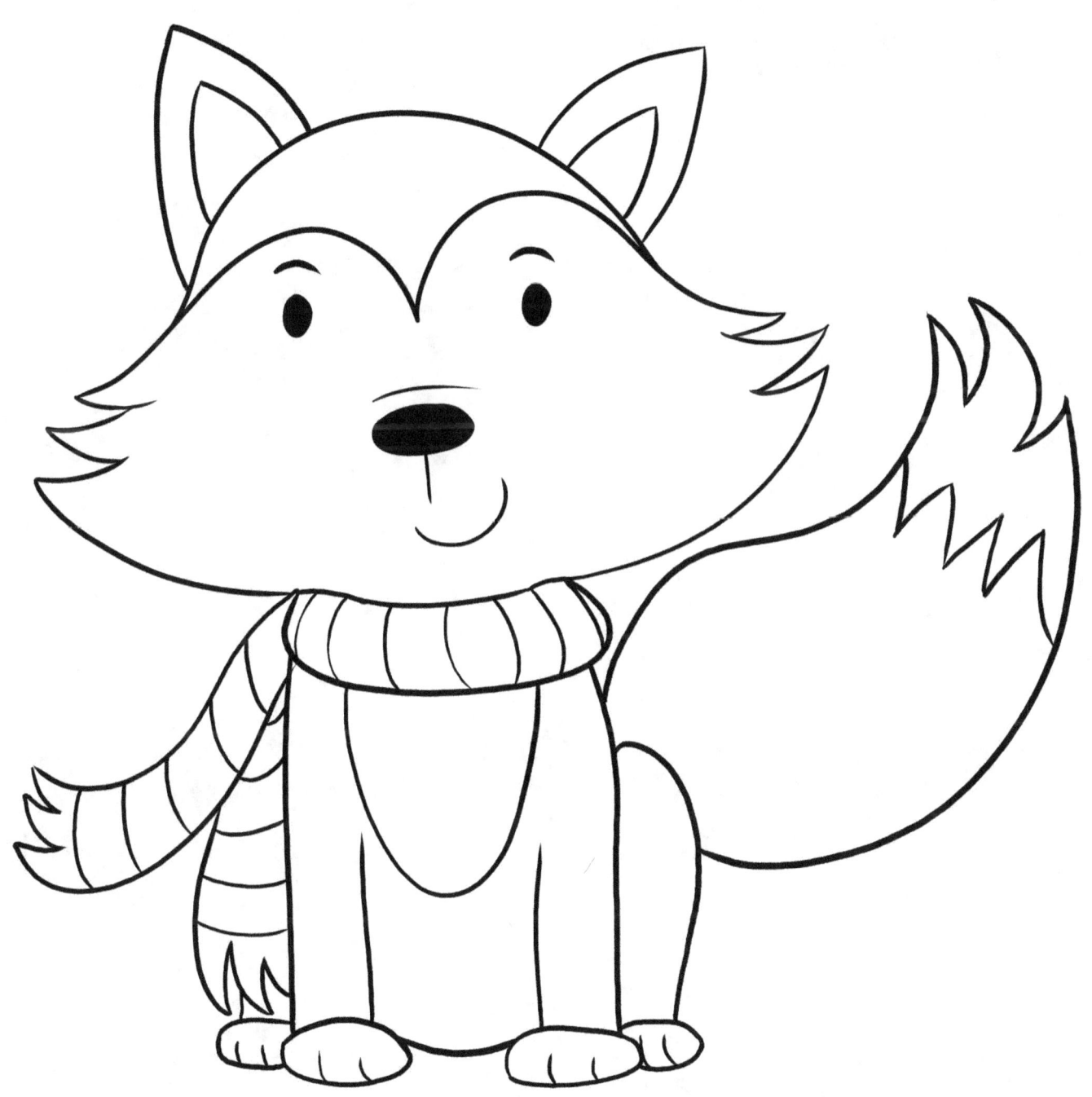

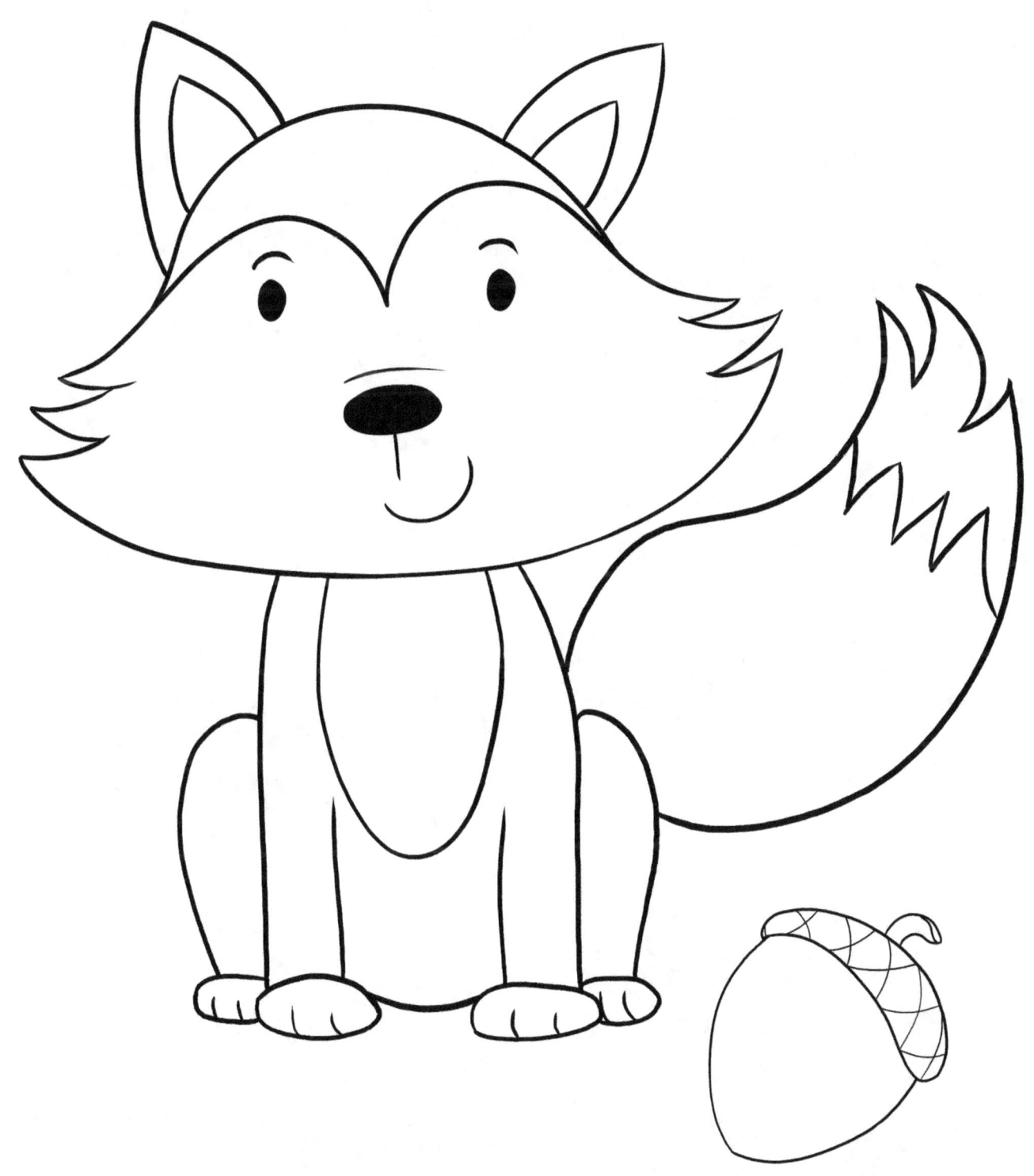

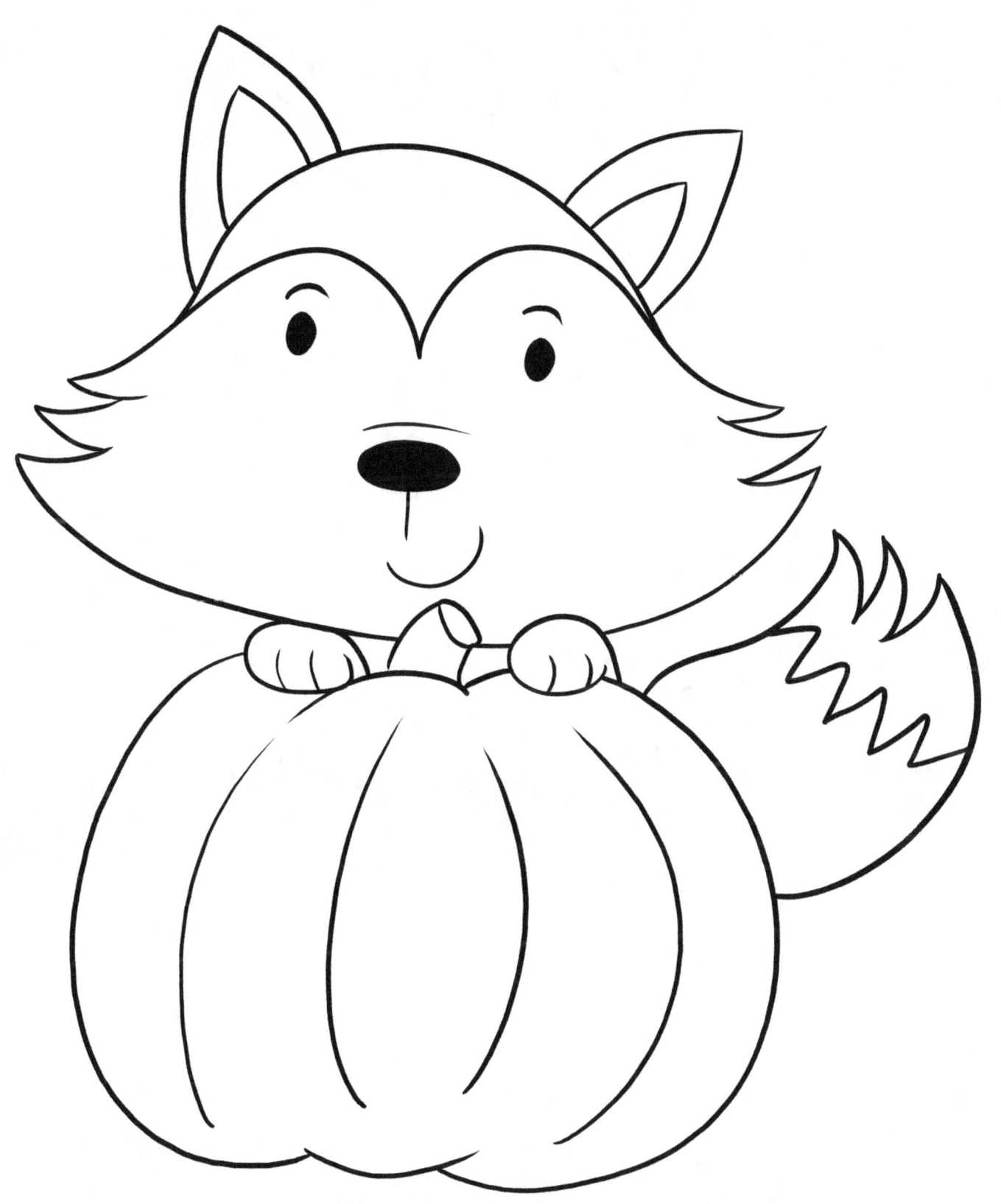

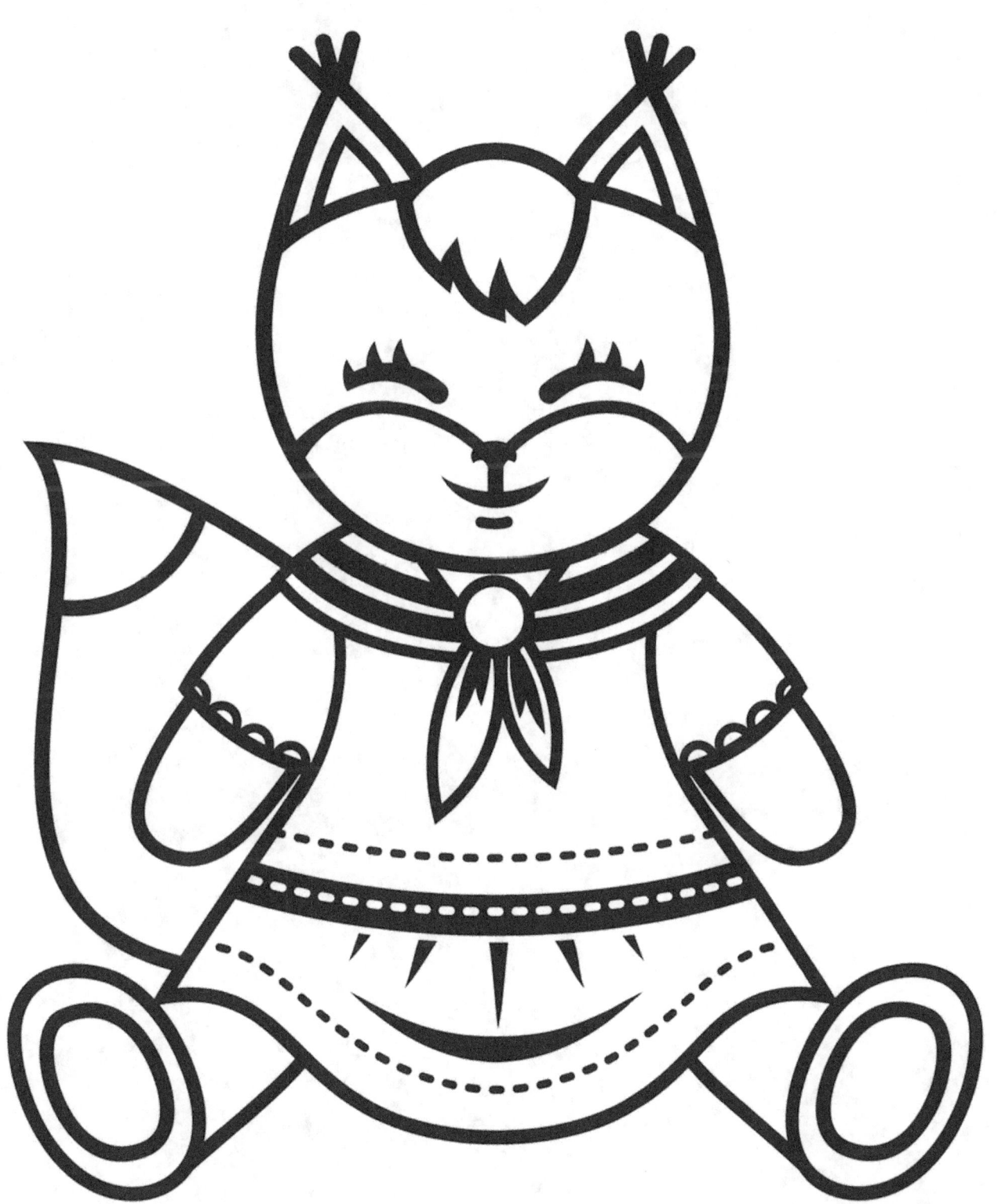

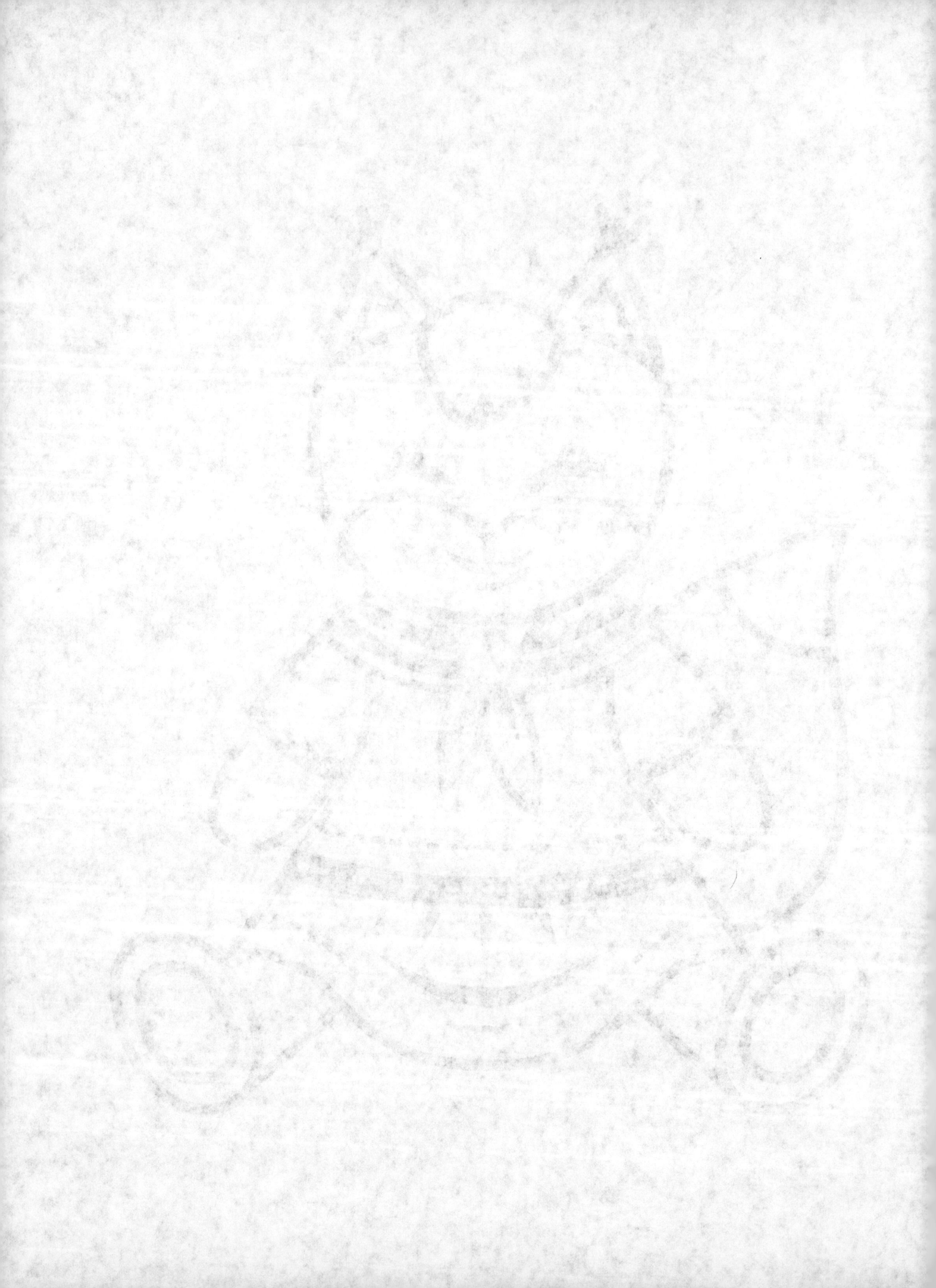

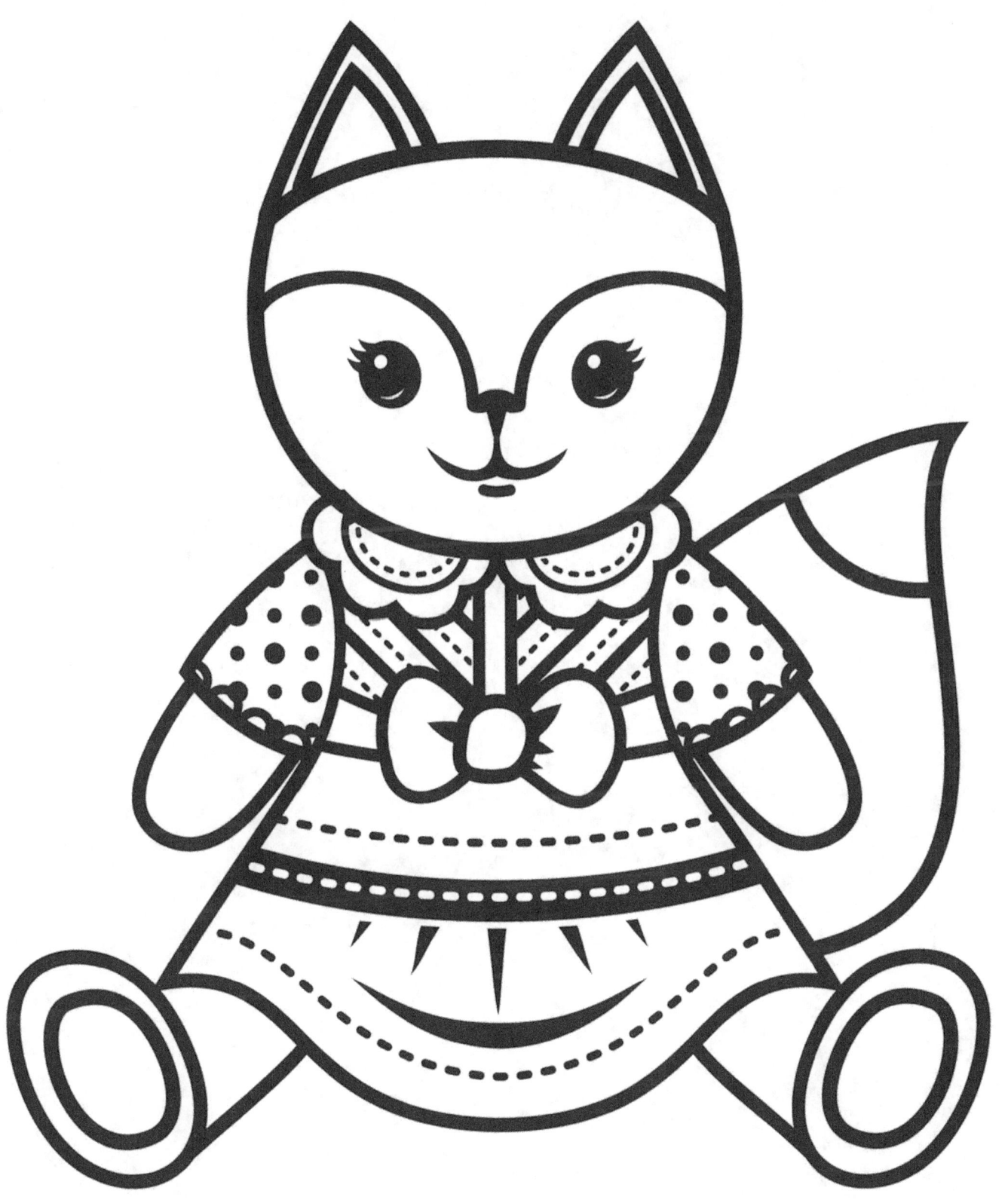

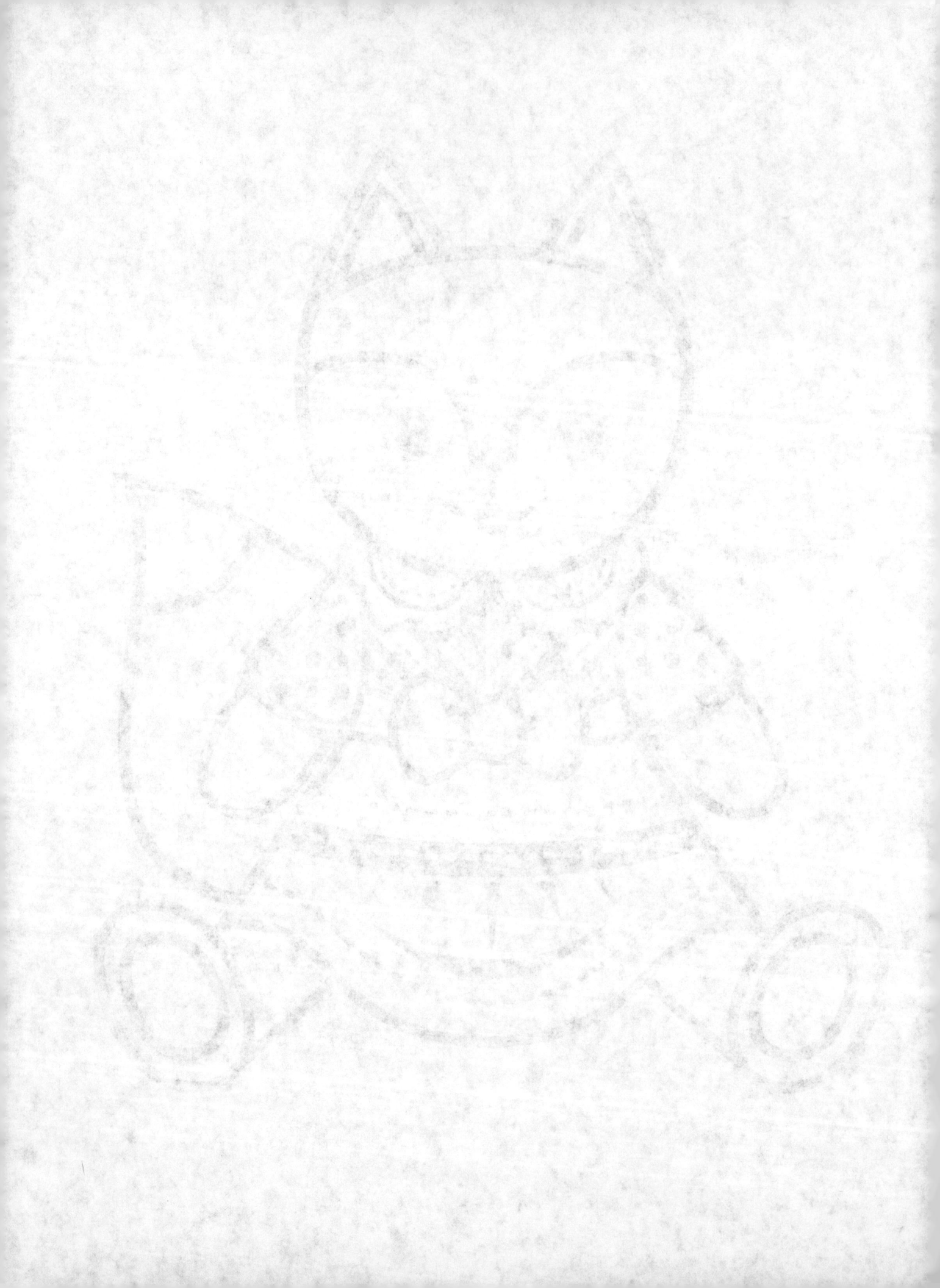

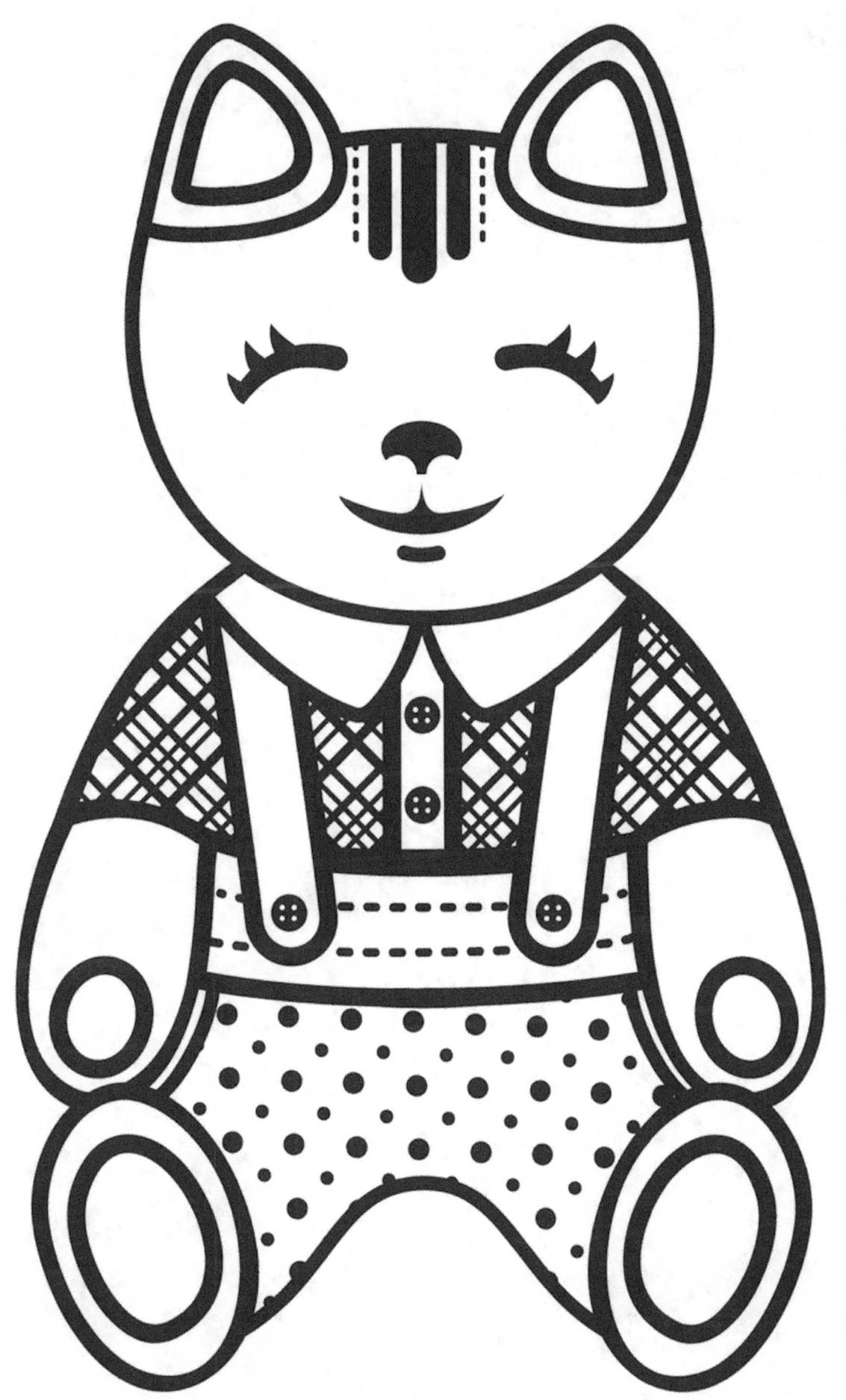

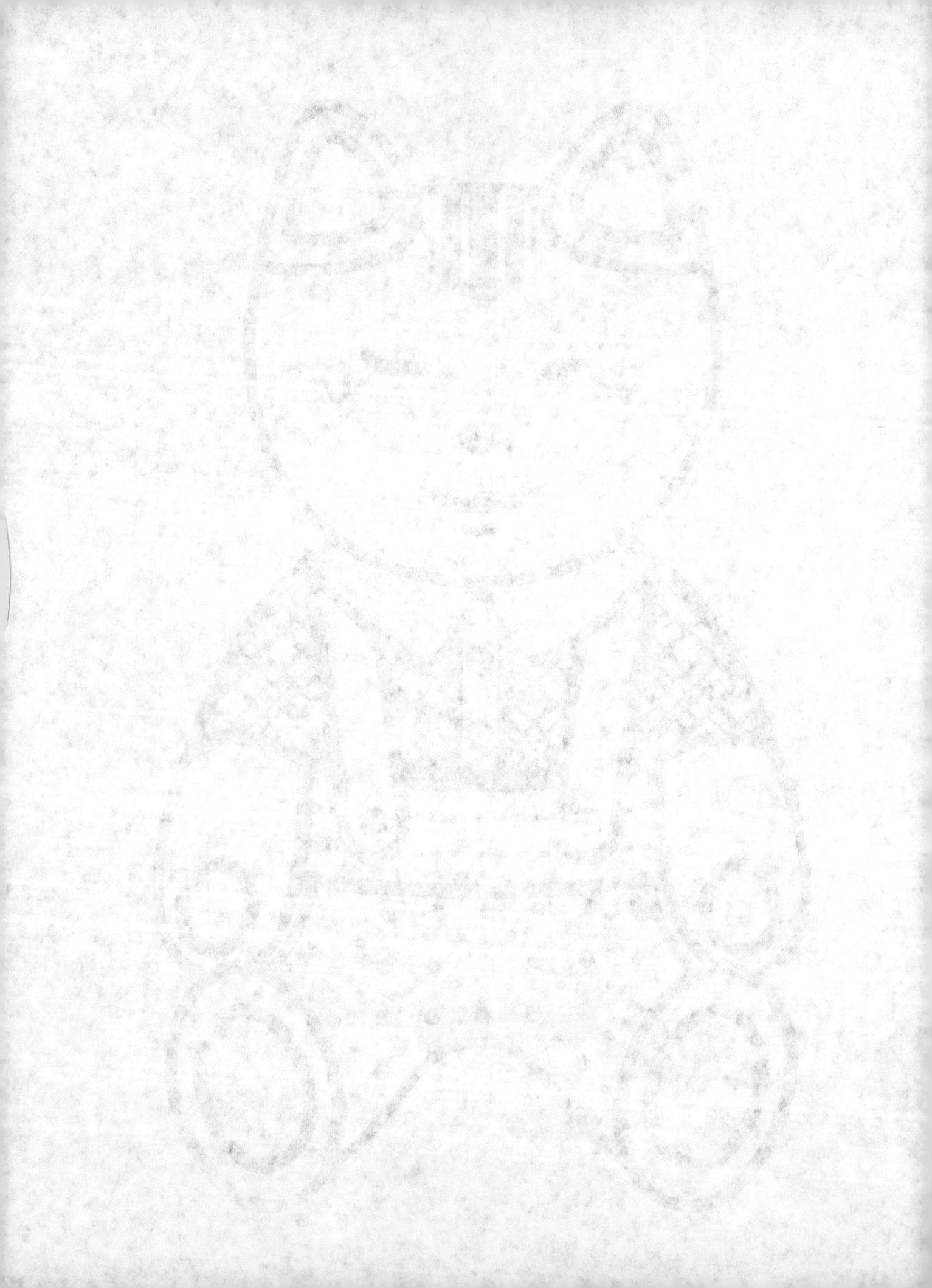

HANGMAN TIME!

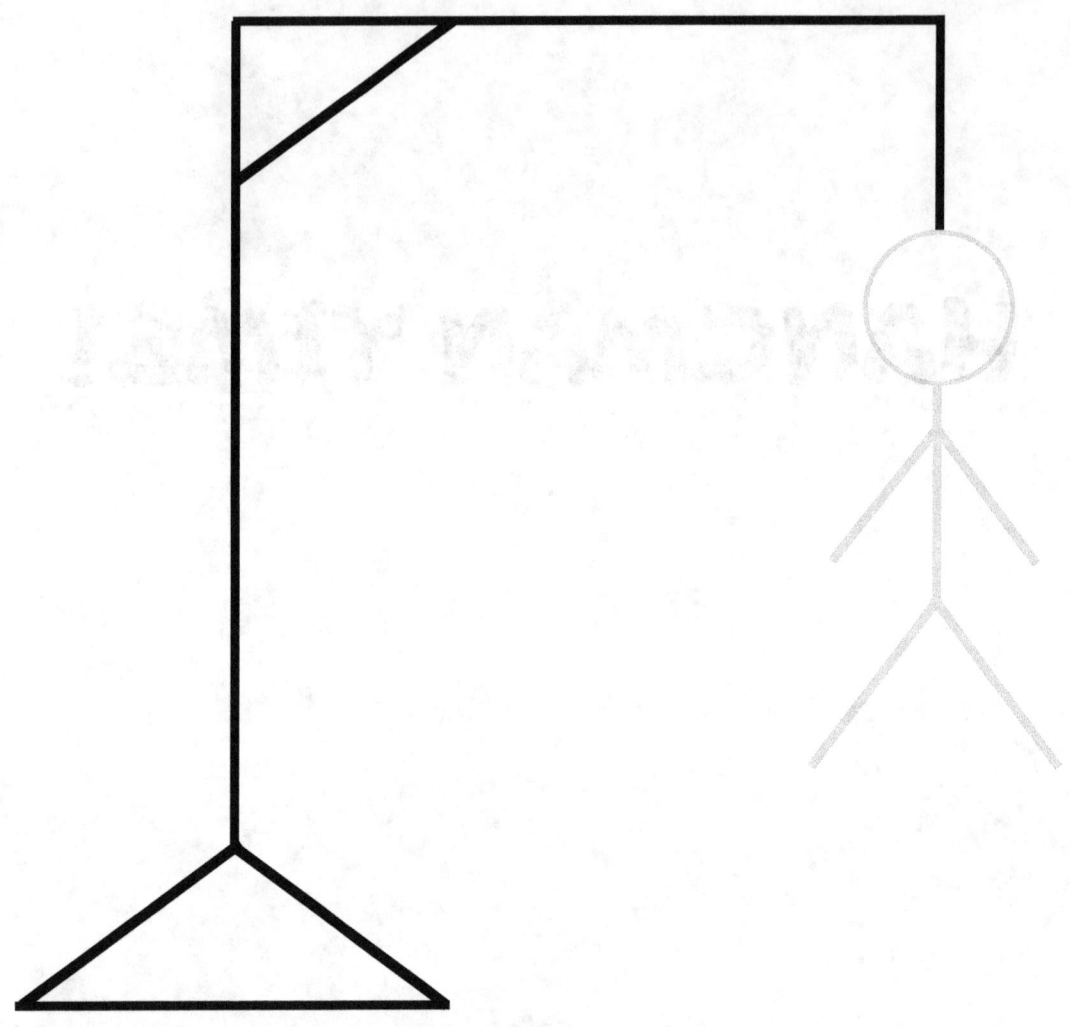

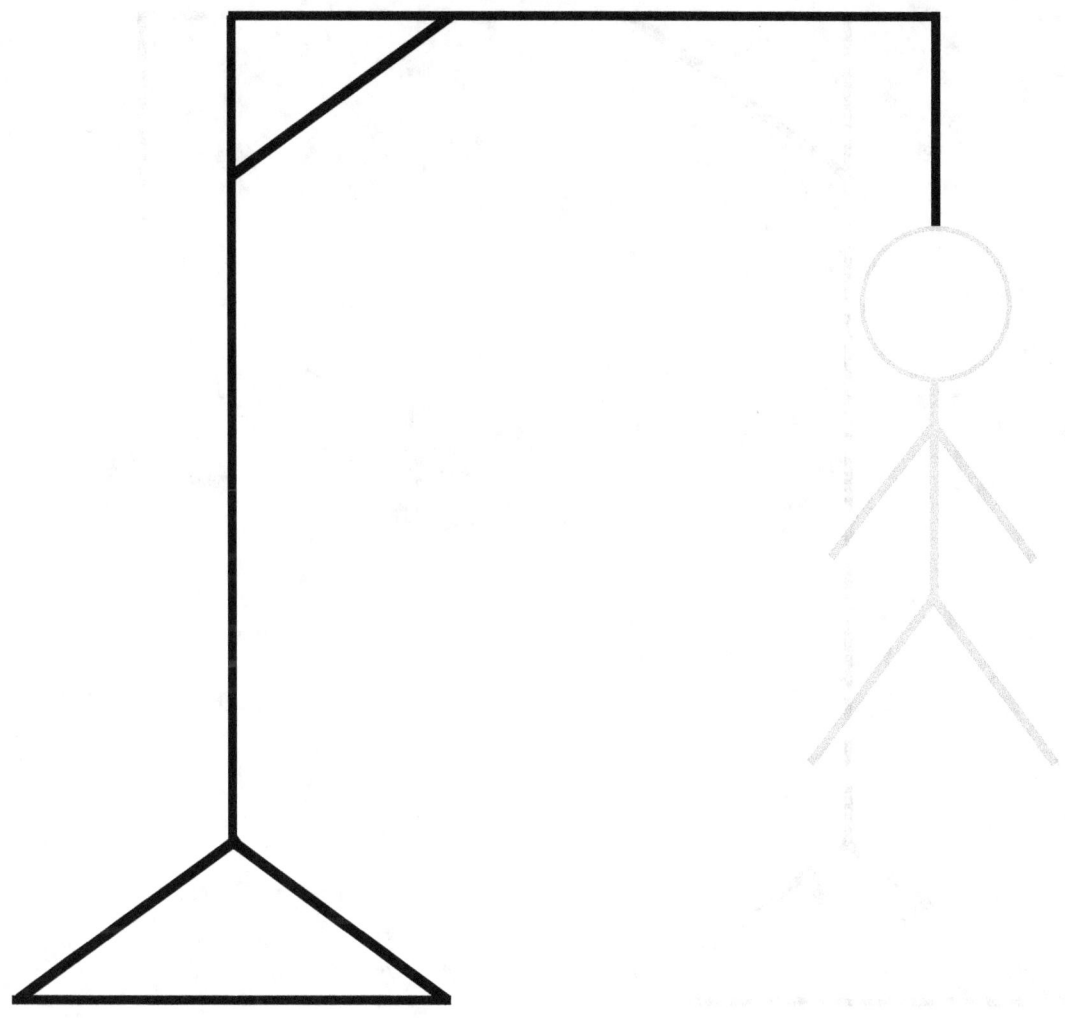

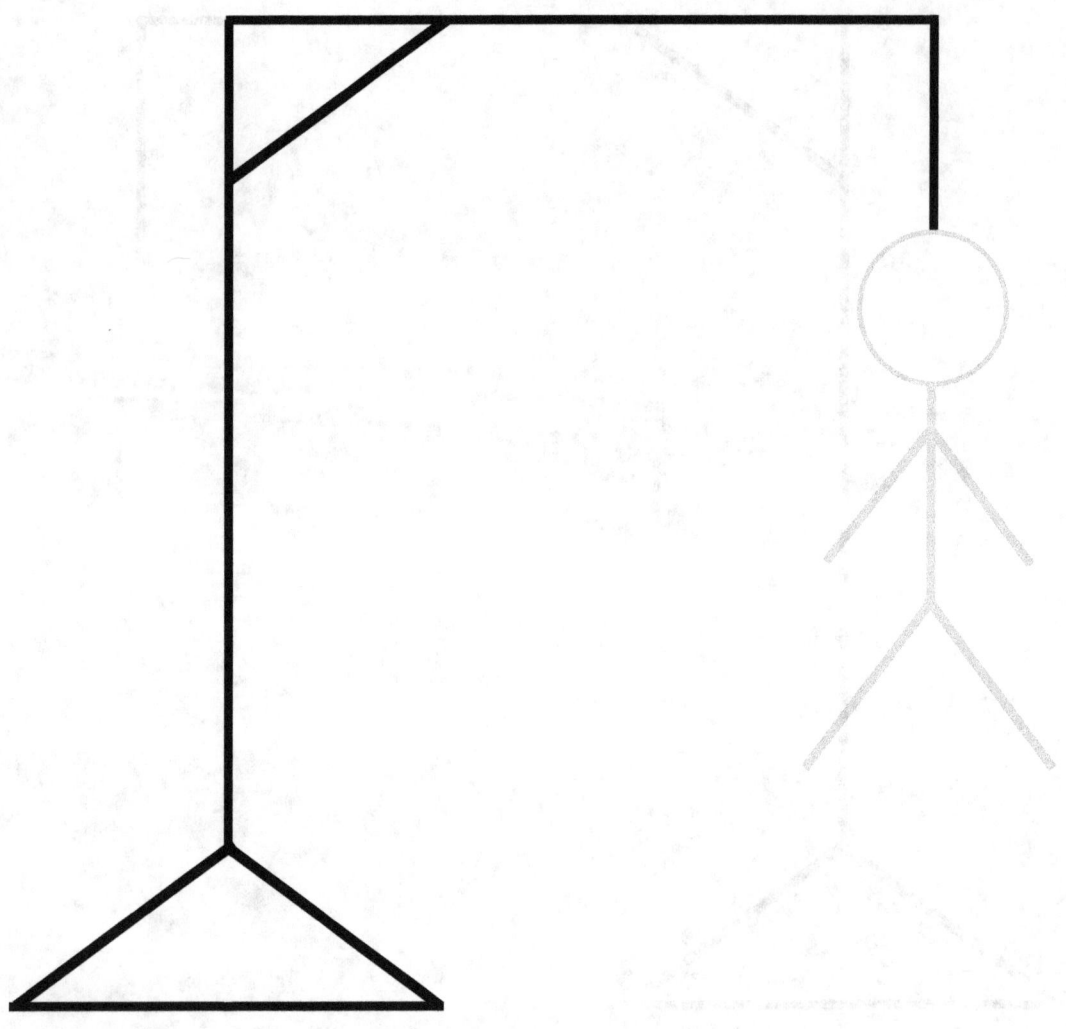

\-\- \-\- \-\- \-\- \-\- \-\- \-\- \-\- \-\- \-\-

ABCDEFGHIJKL
MNOPQRSTUVW

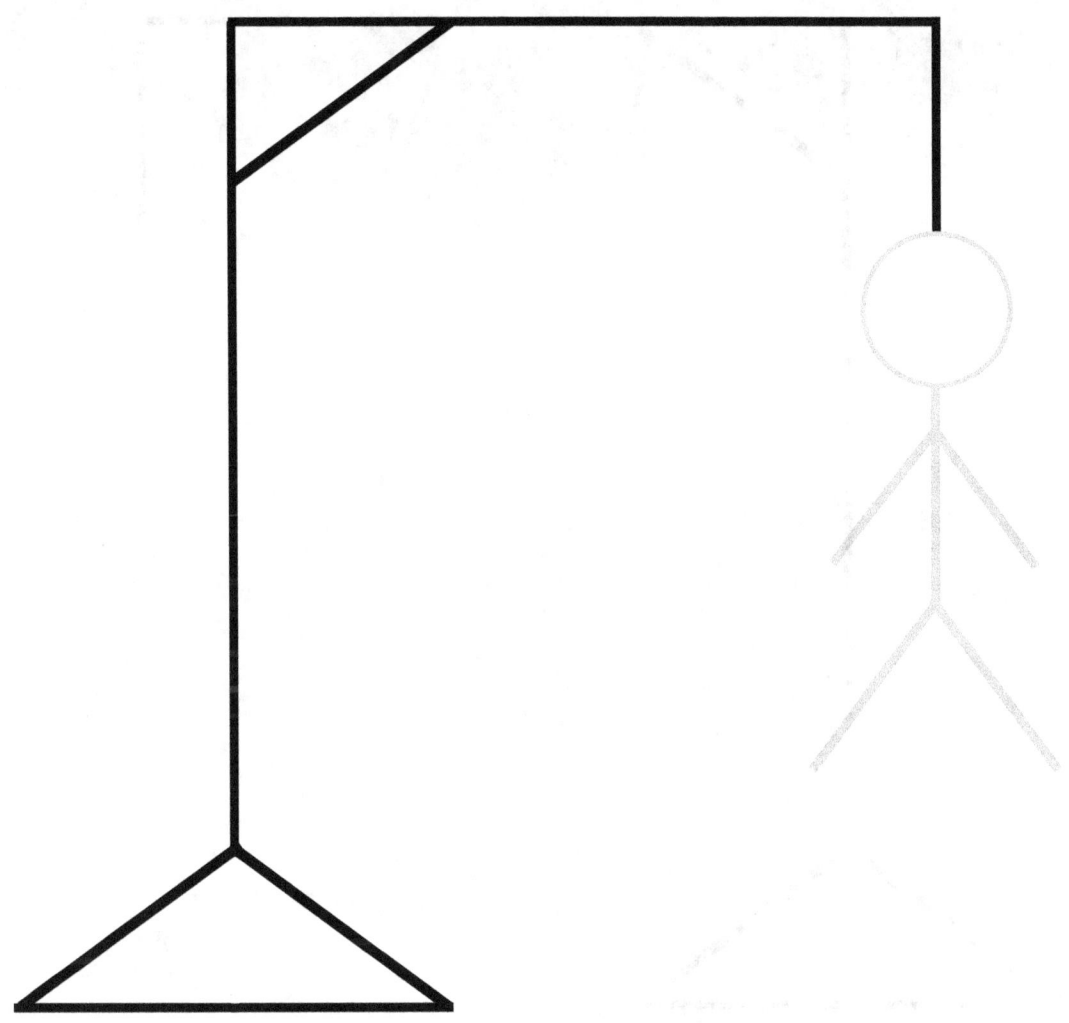

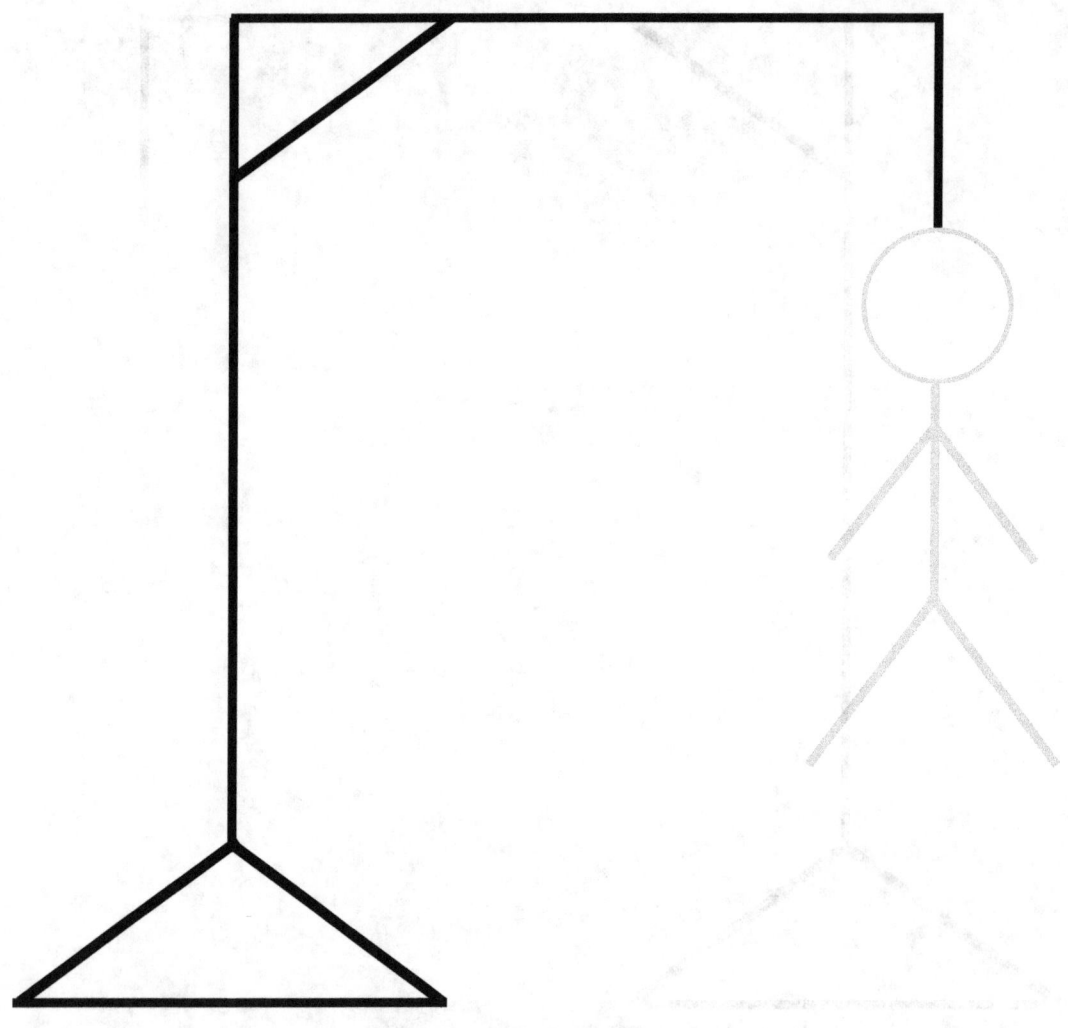

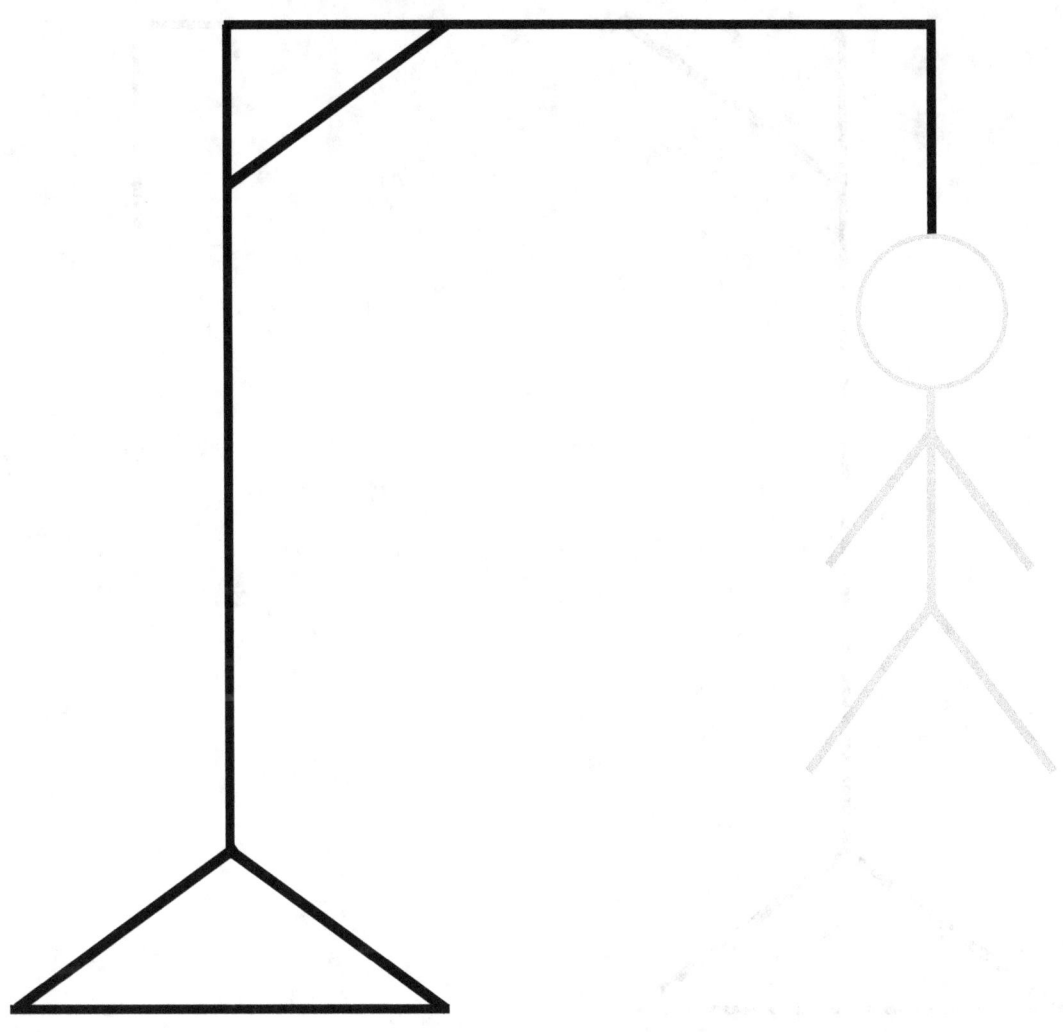

_ _ _ _ _ _ _ _ _ _ _ _ _ _ _ _ _ _ _

ABCDEFGHIJKL
MNOPQRSTUVW

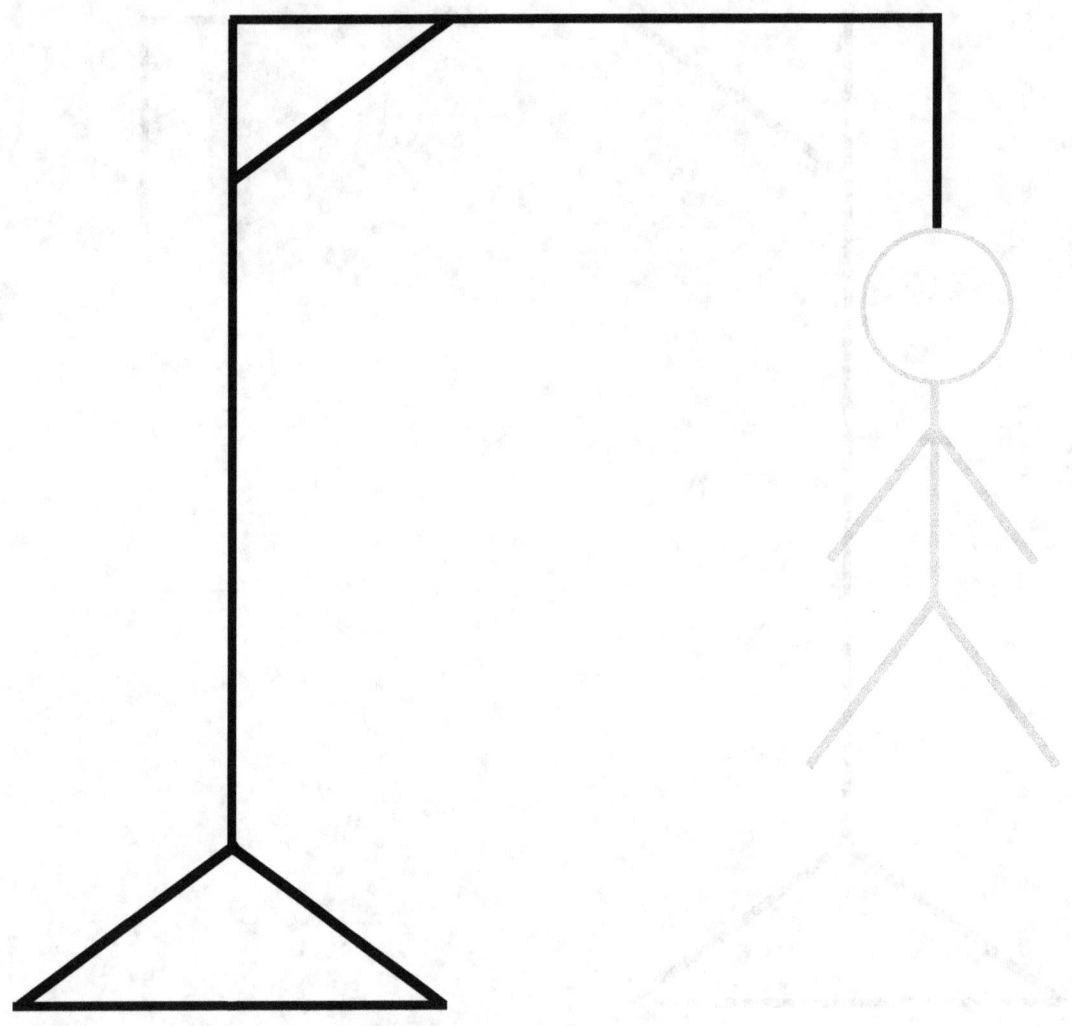

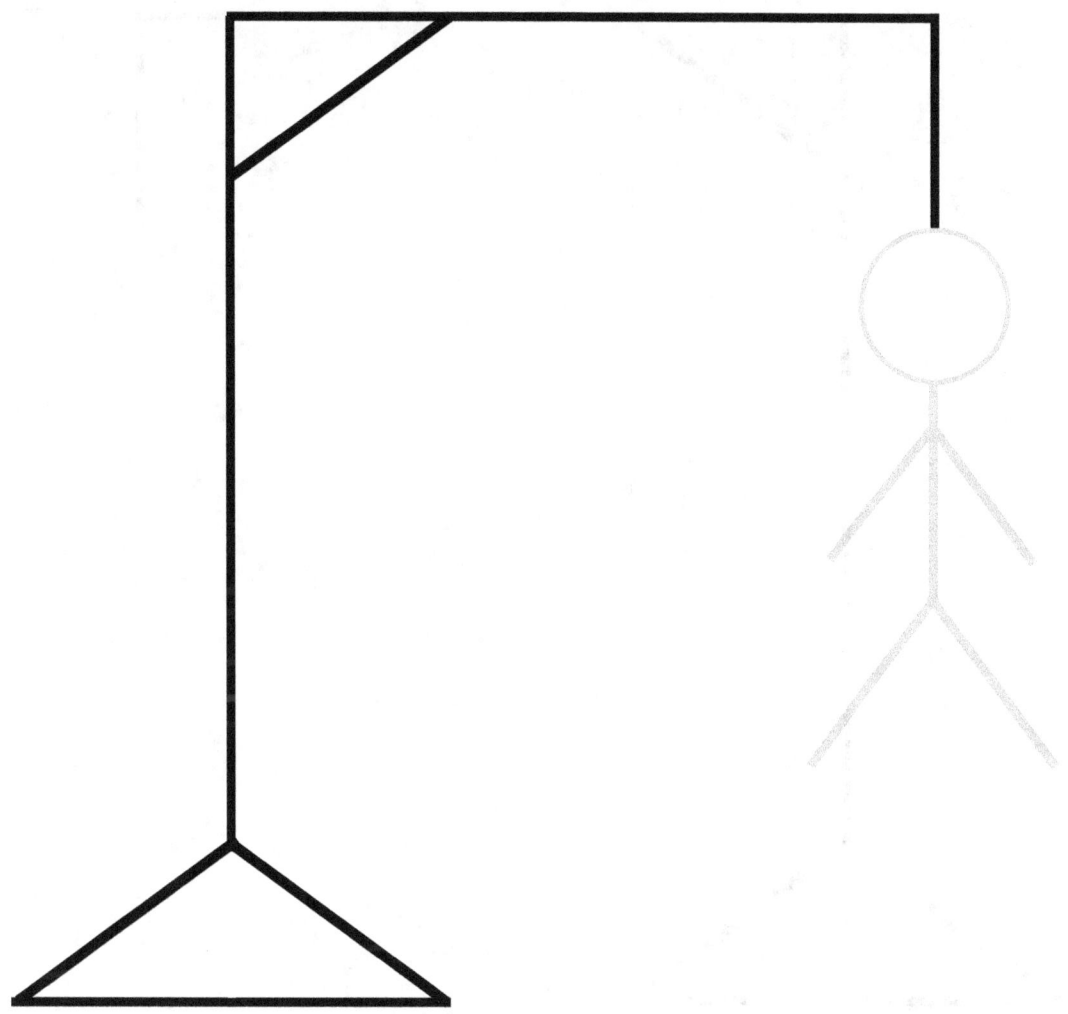

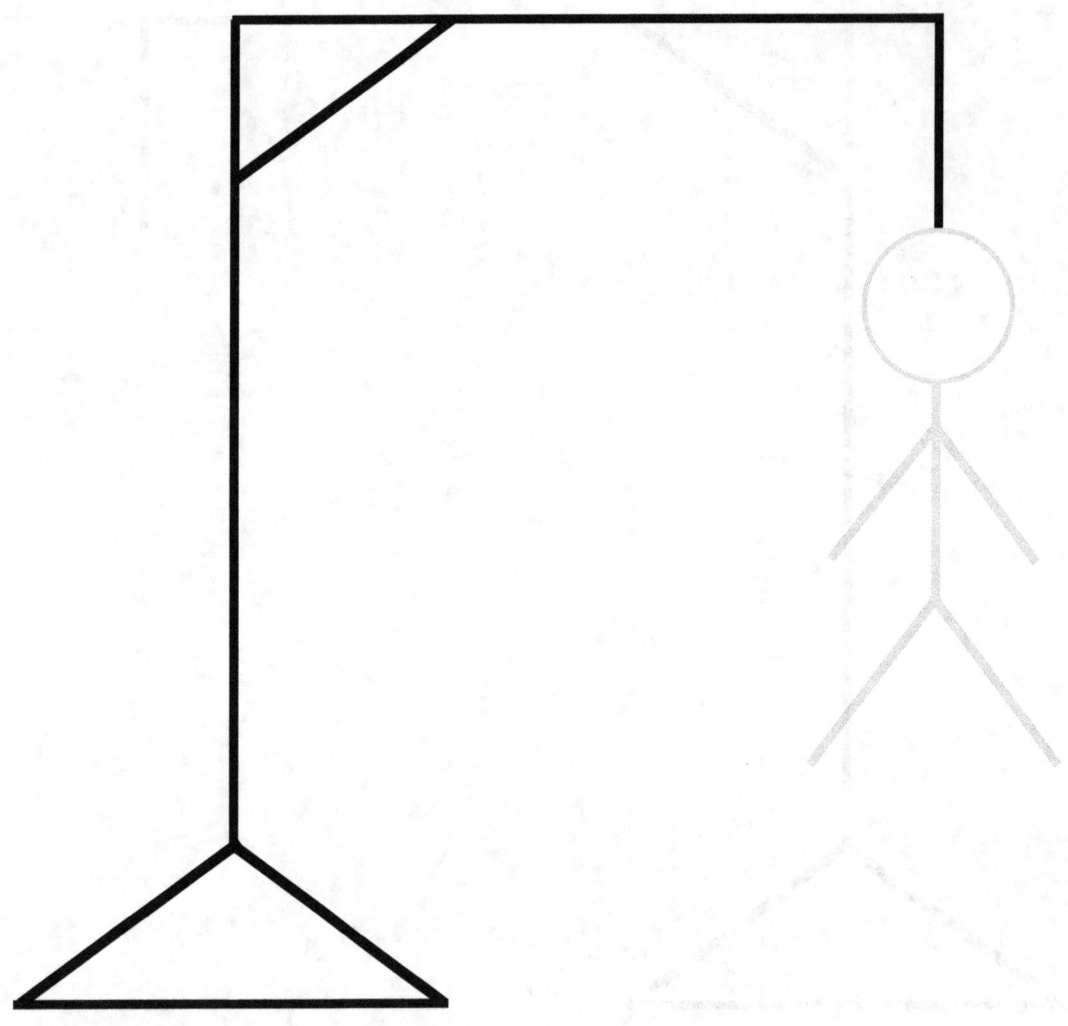

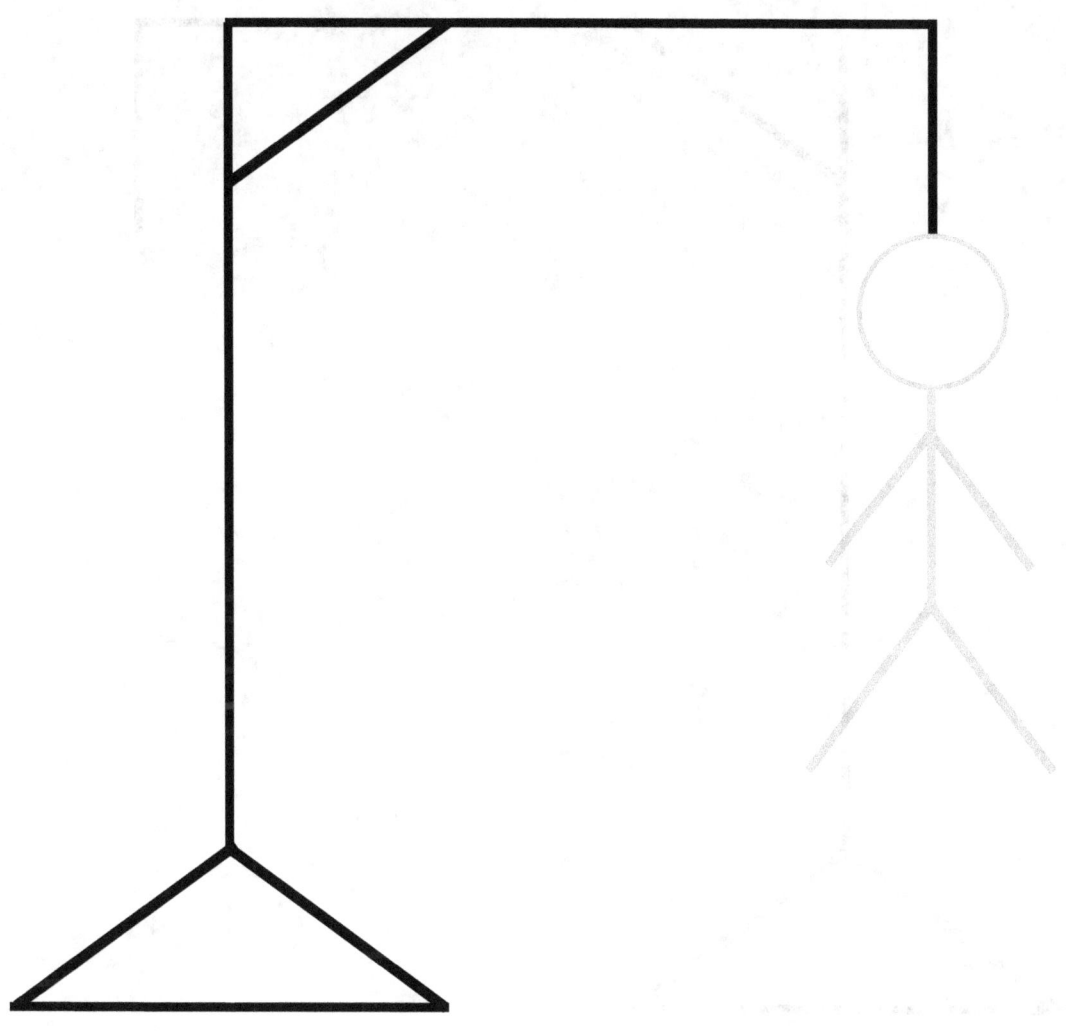

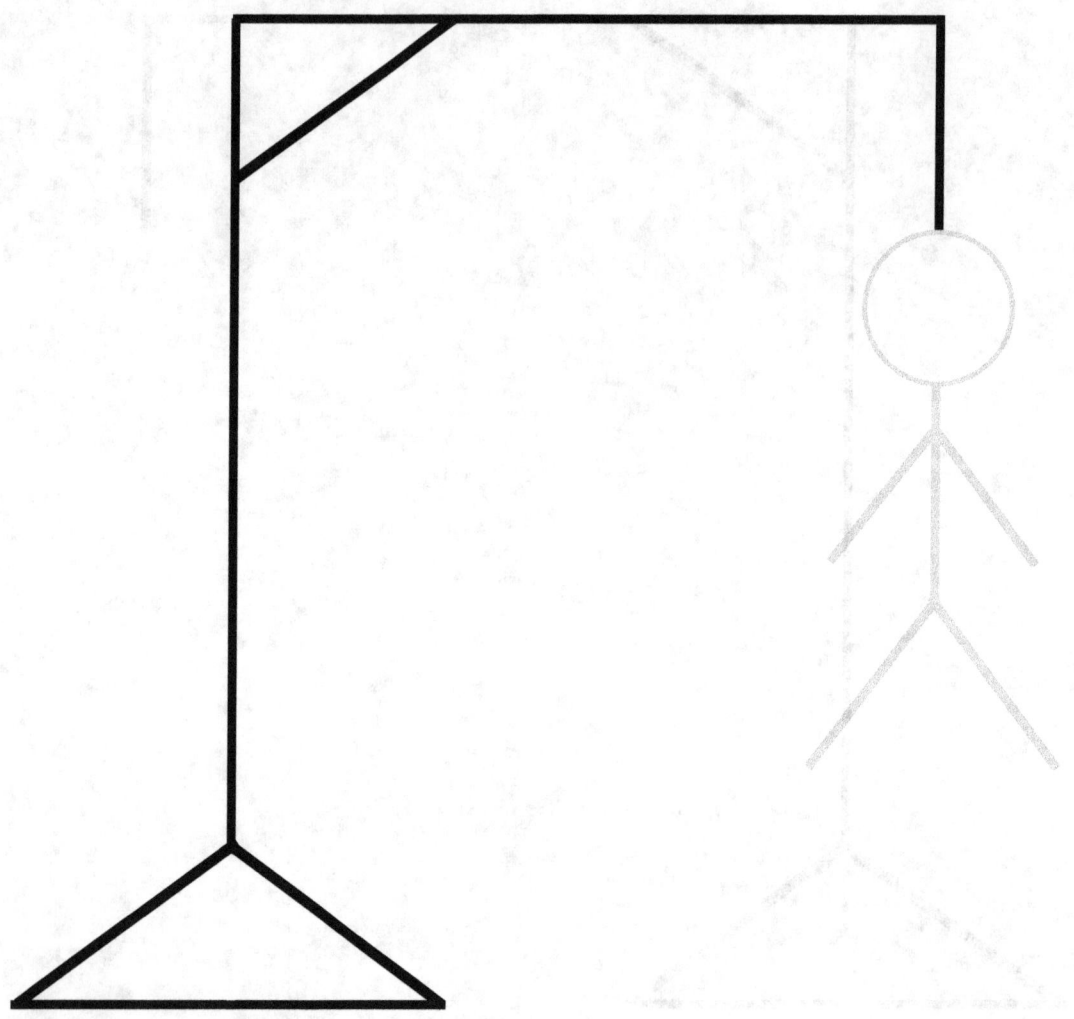

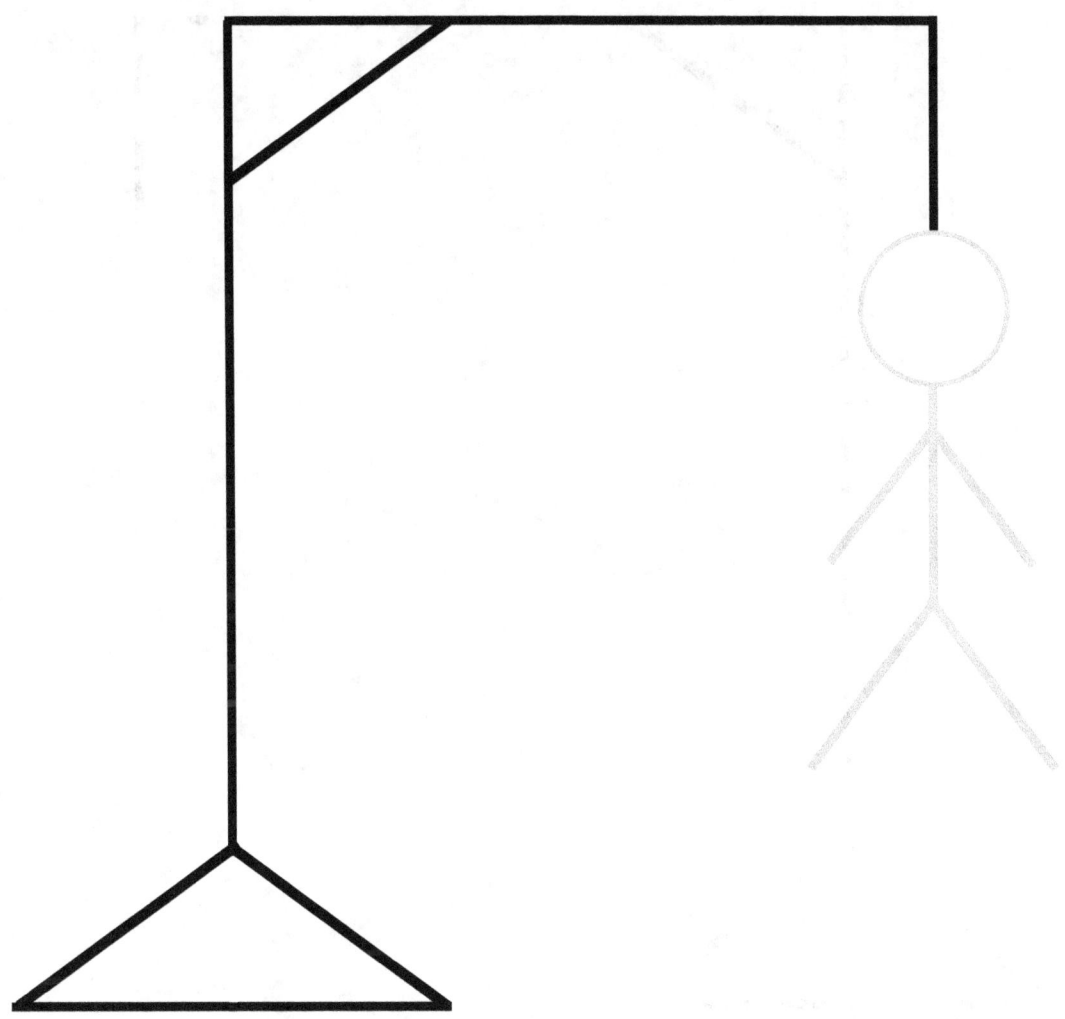

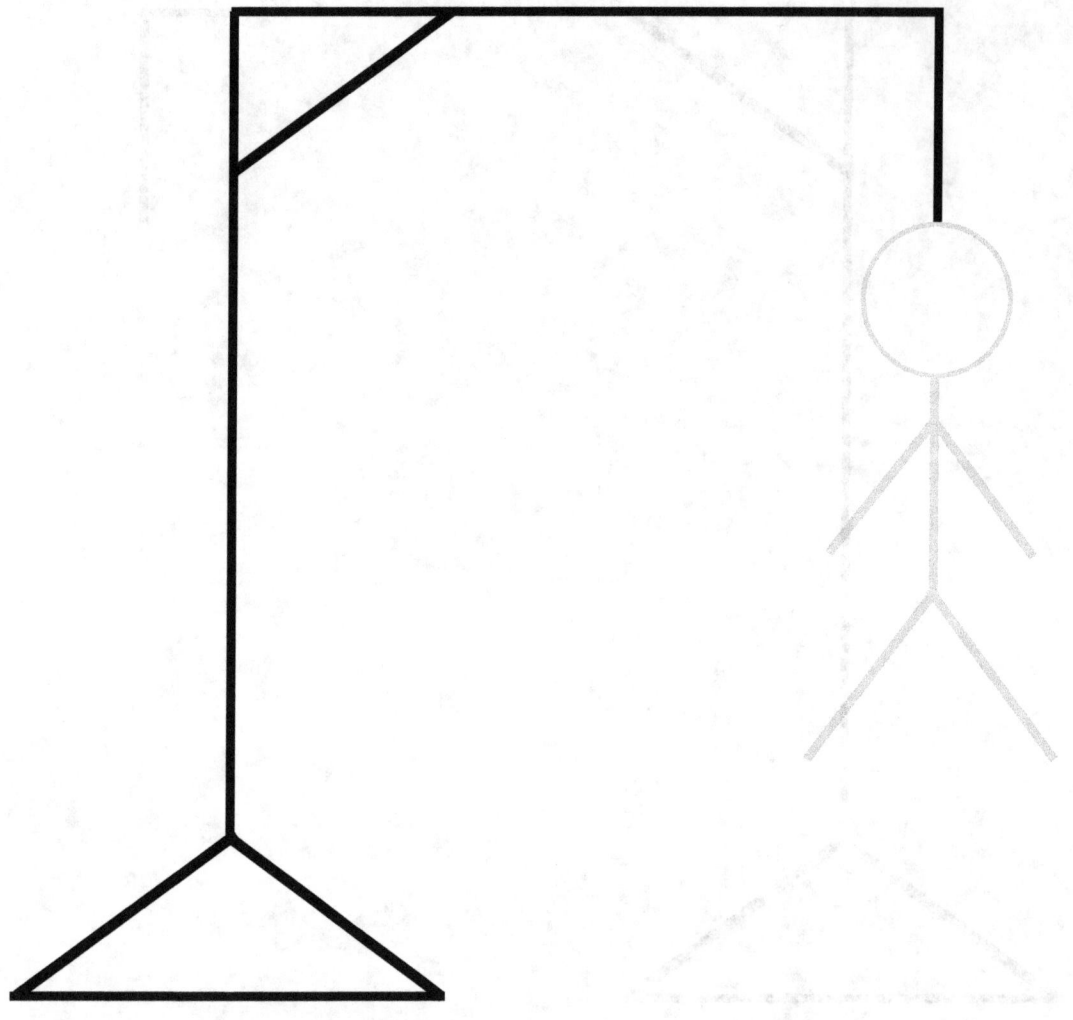

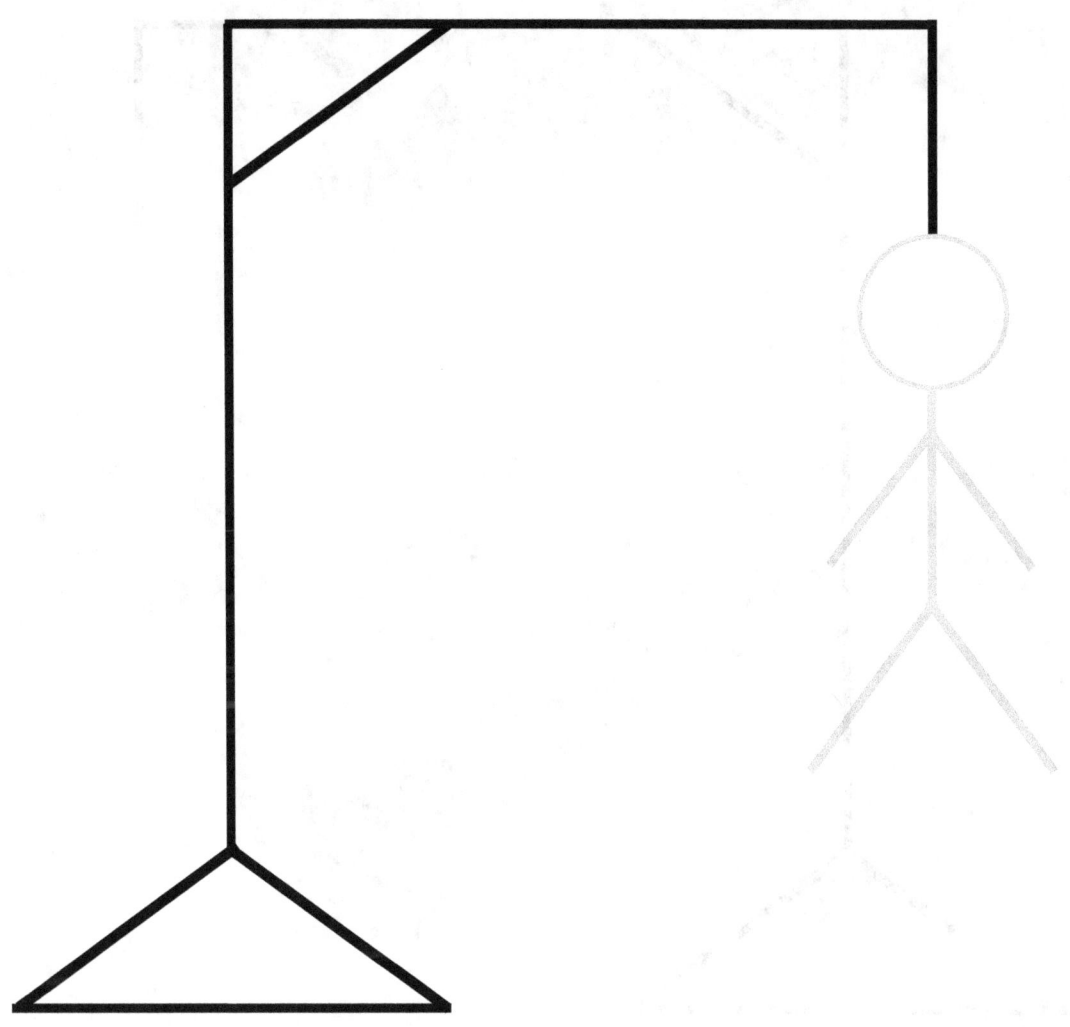

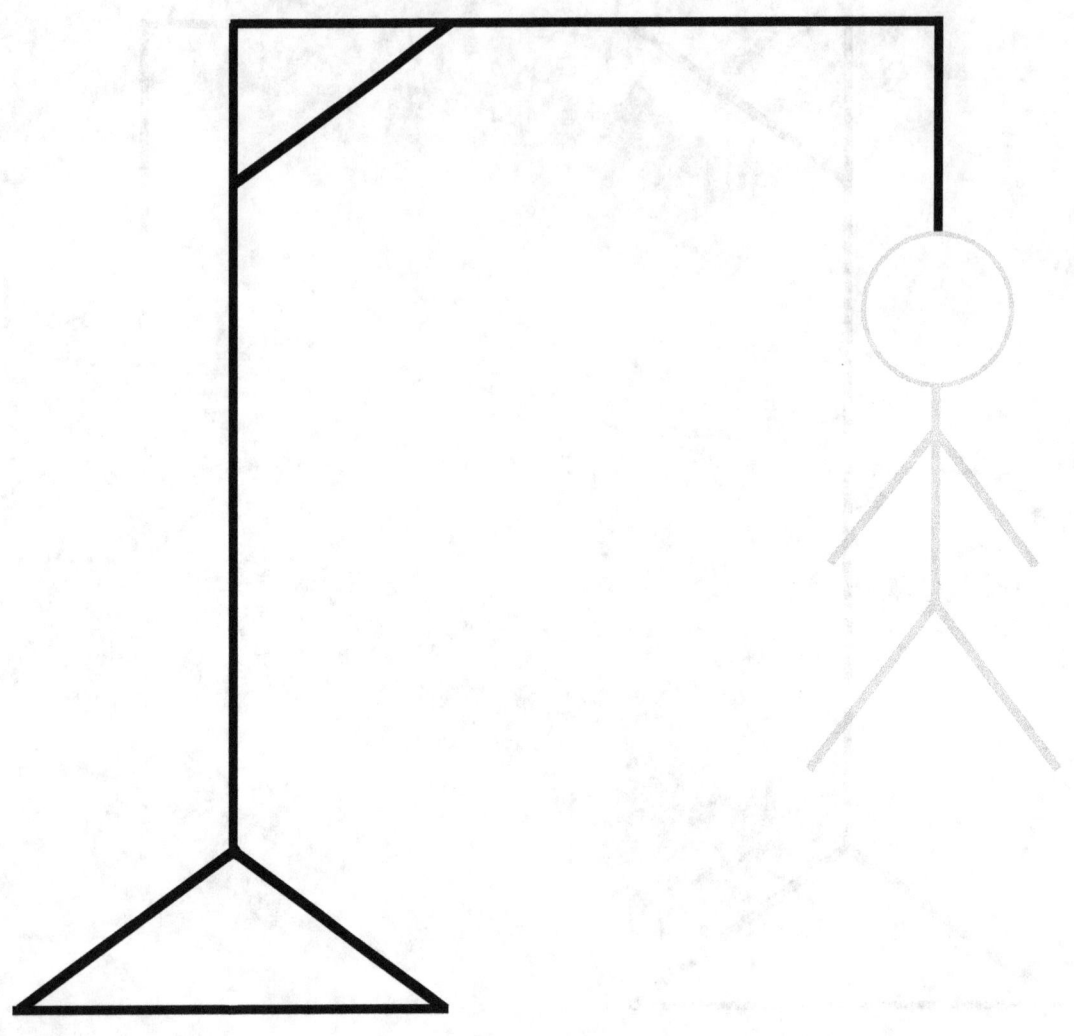

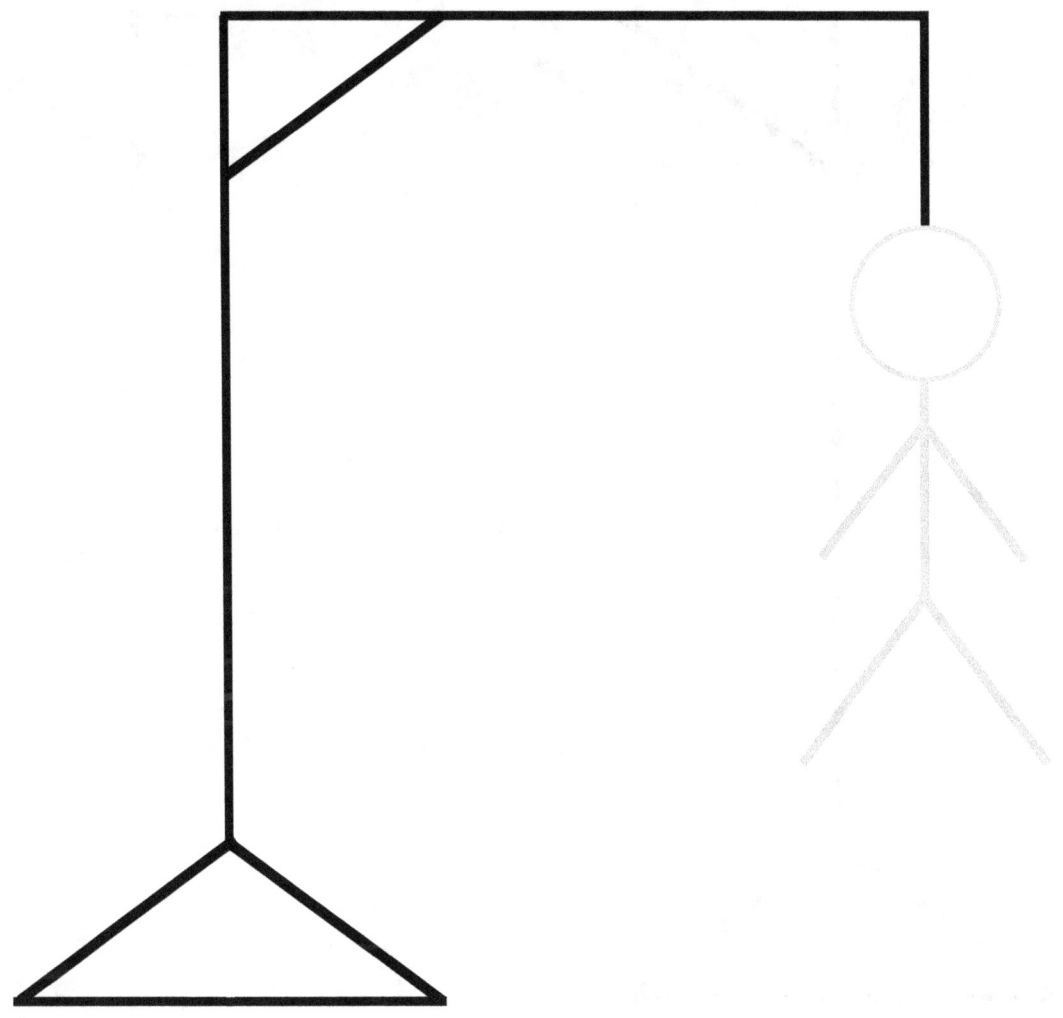

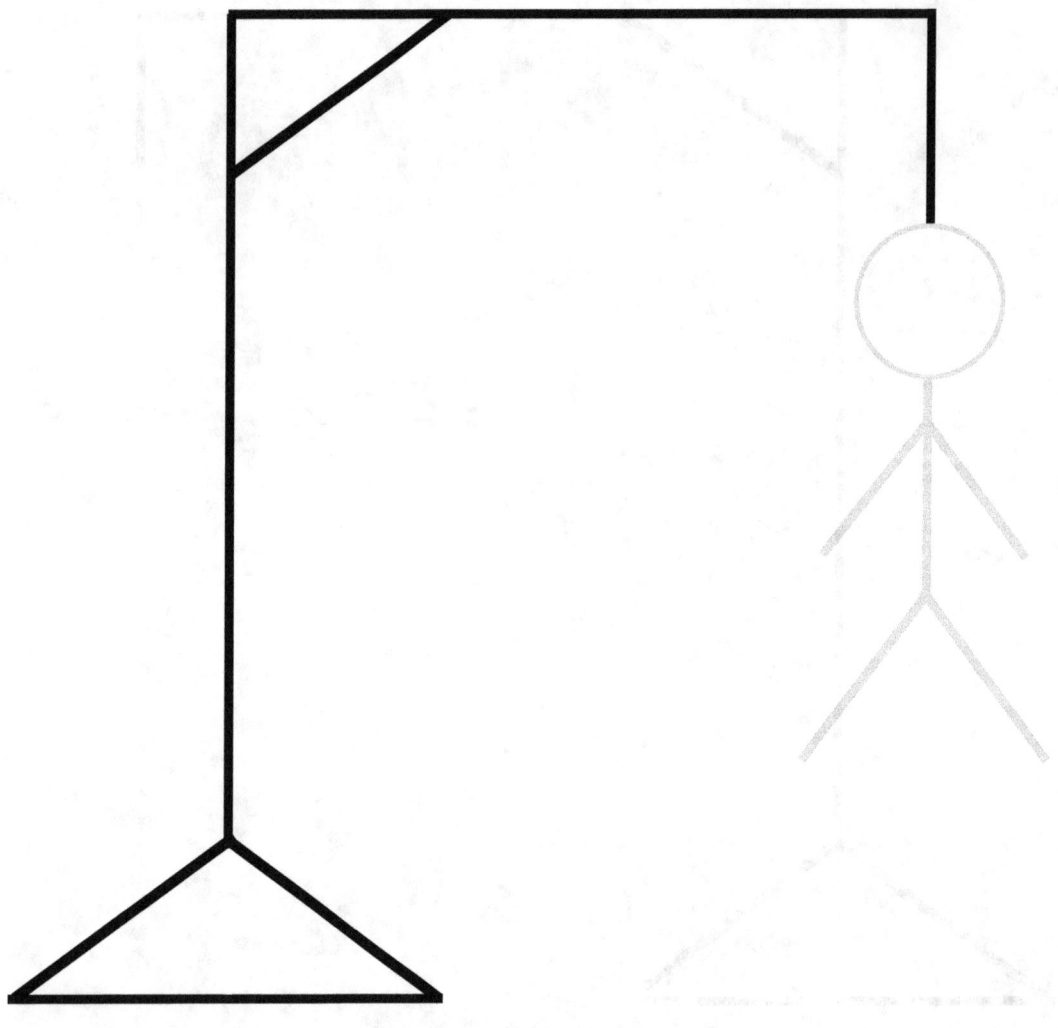

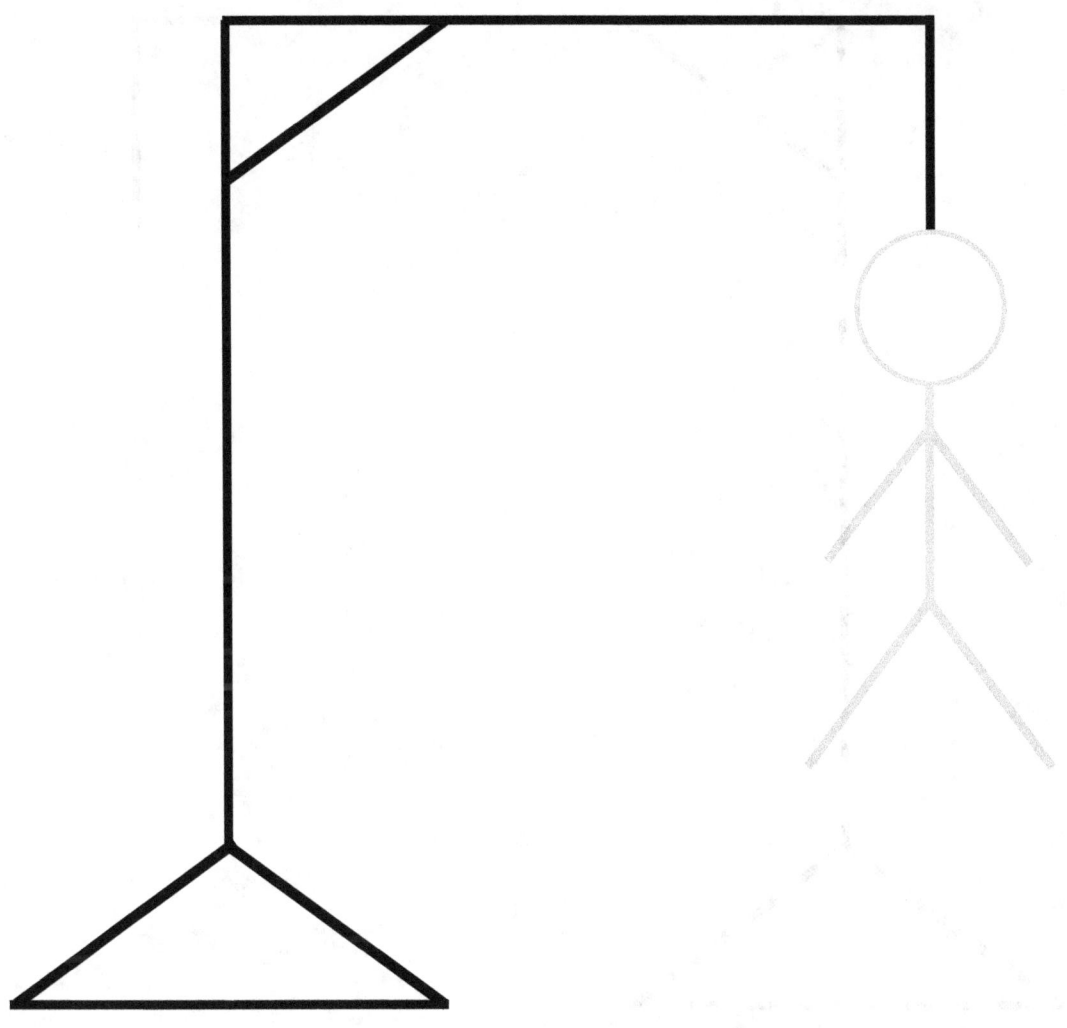

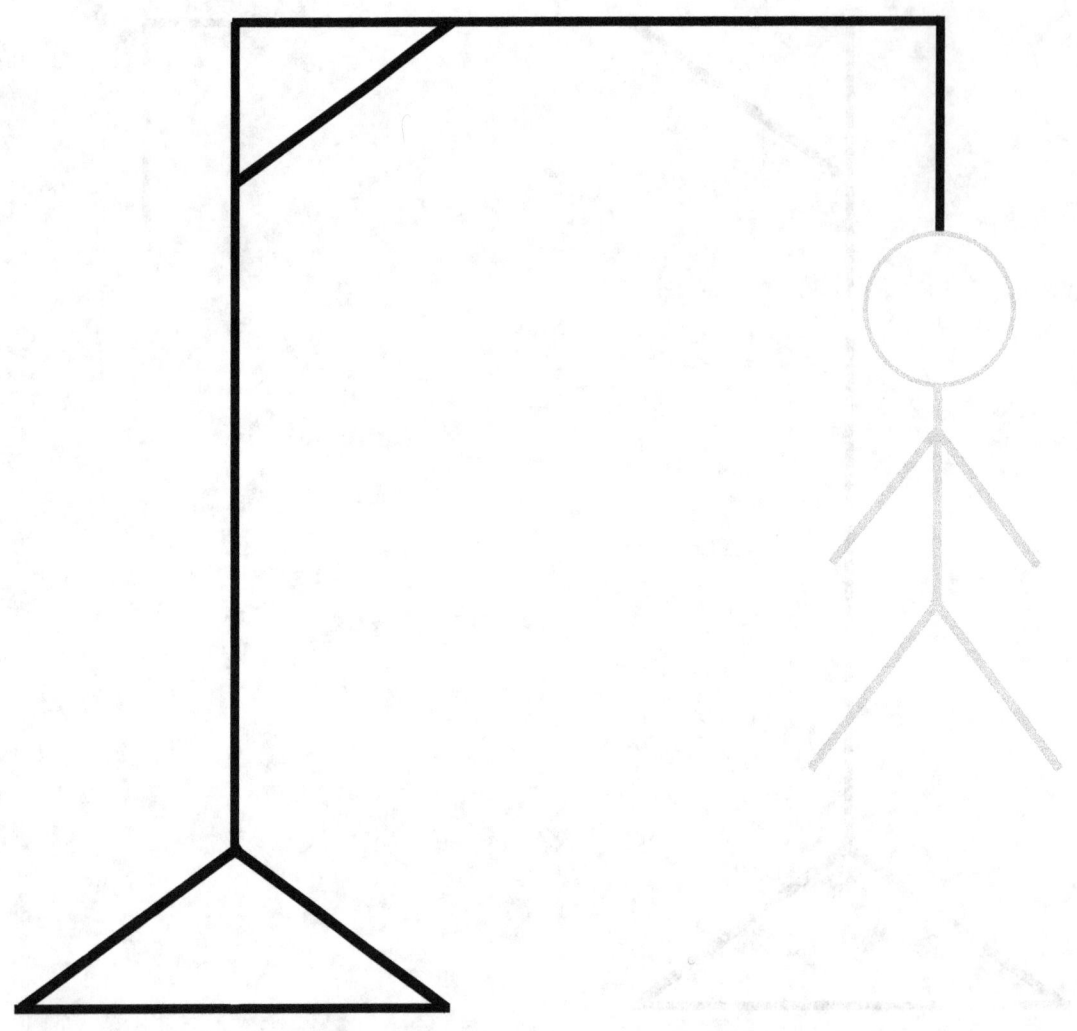

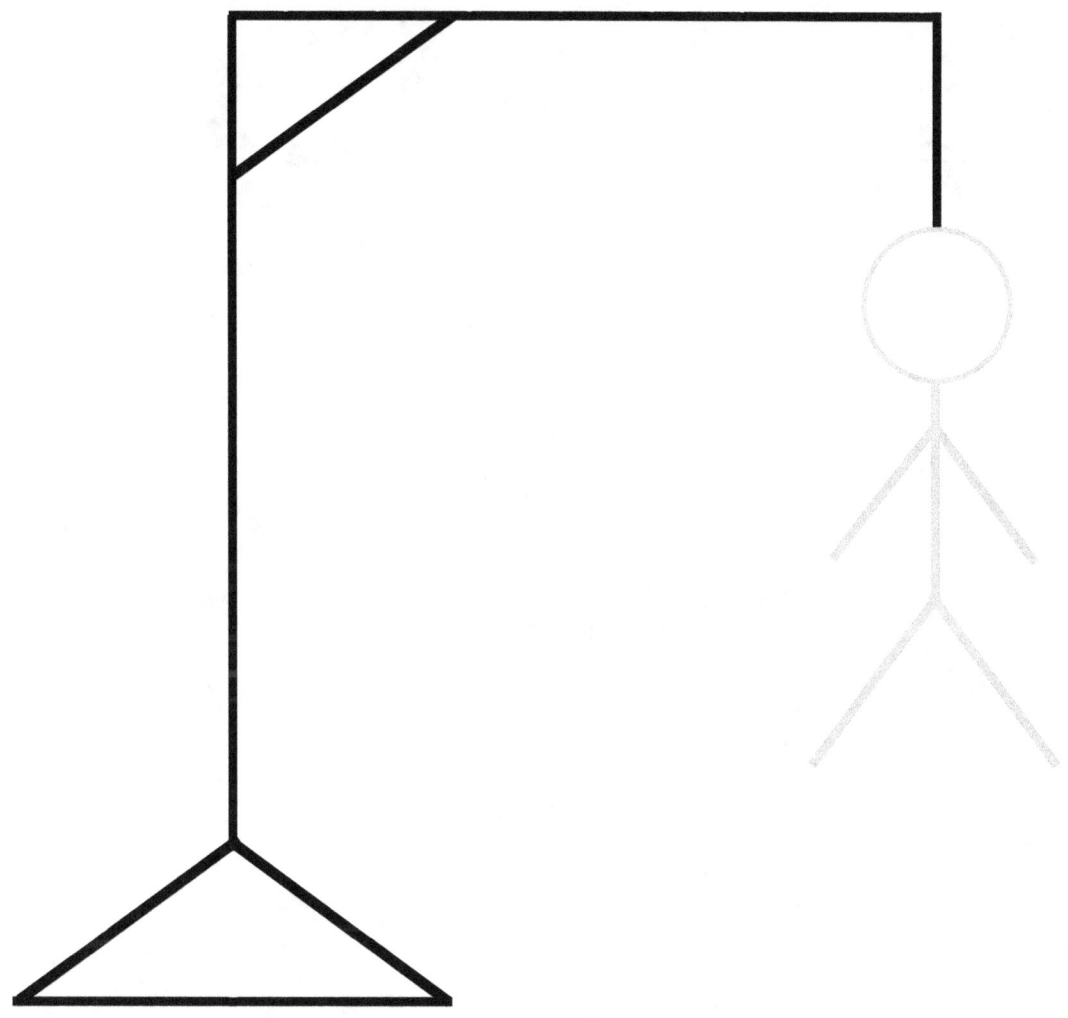

ABCDEFGHIJKL
MNOPQRSTUVW

A-MAZE-ING TIME!

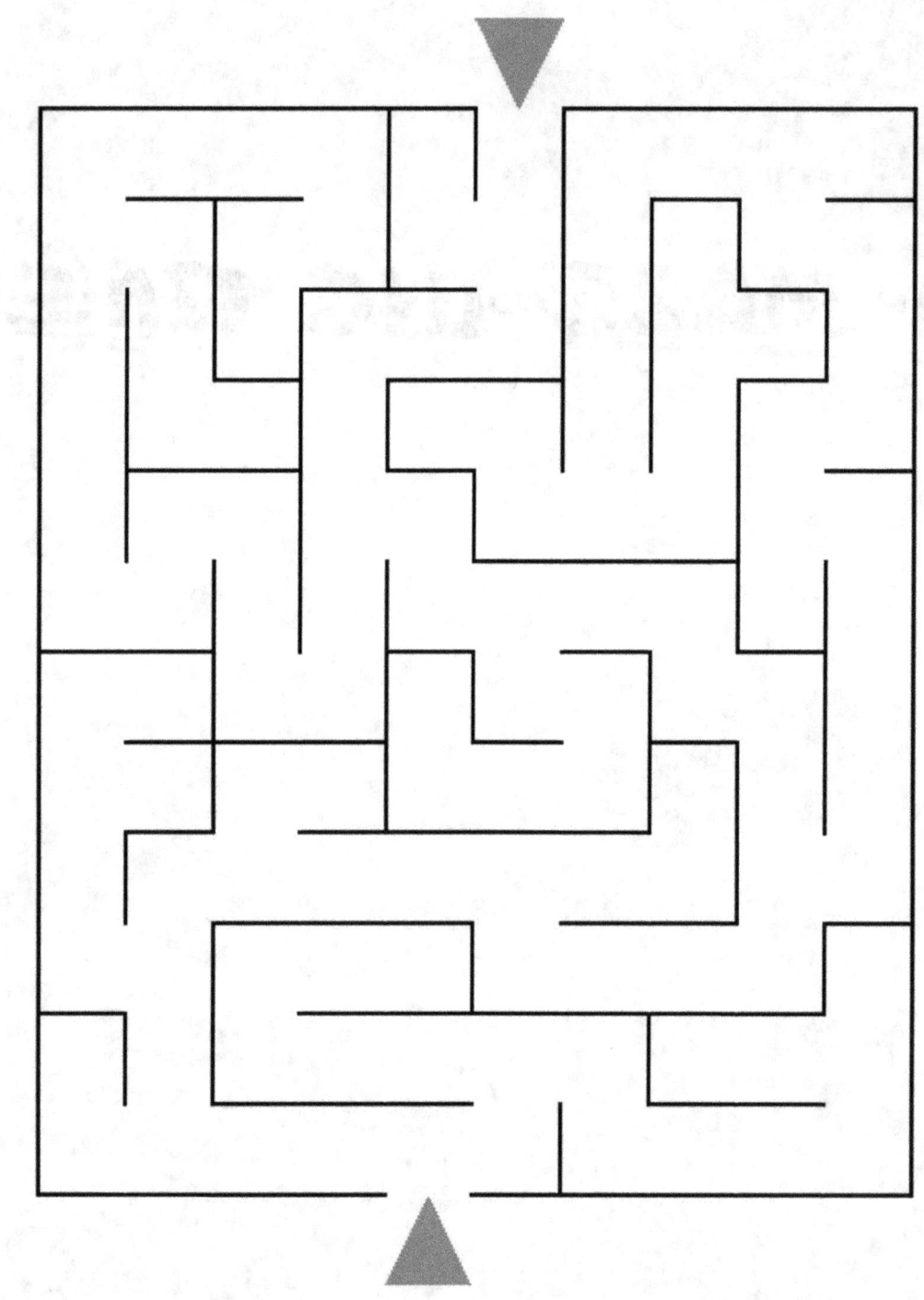

1

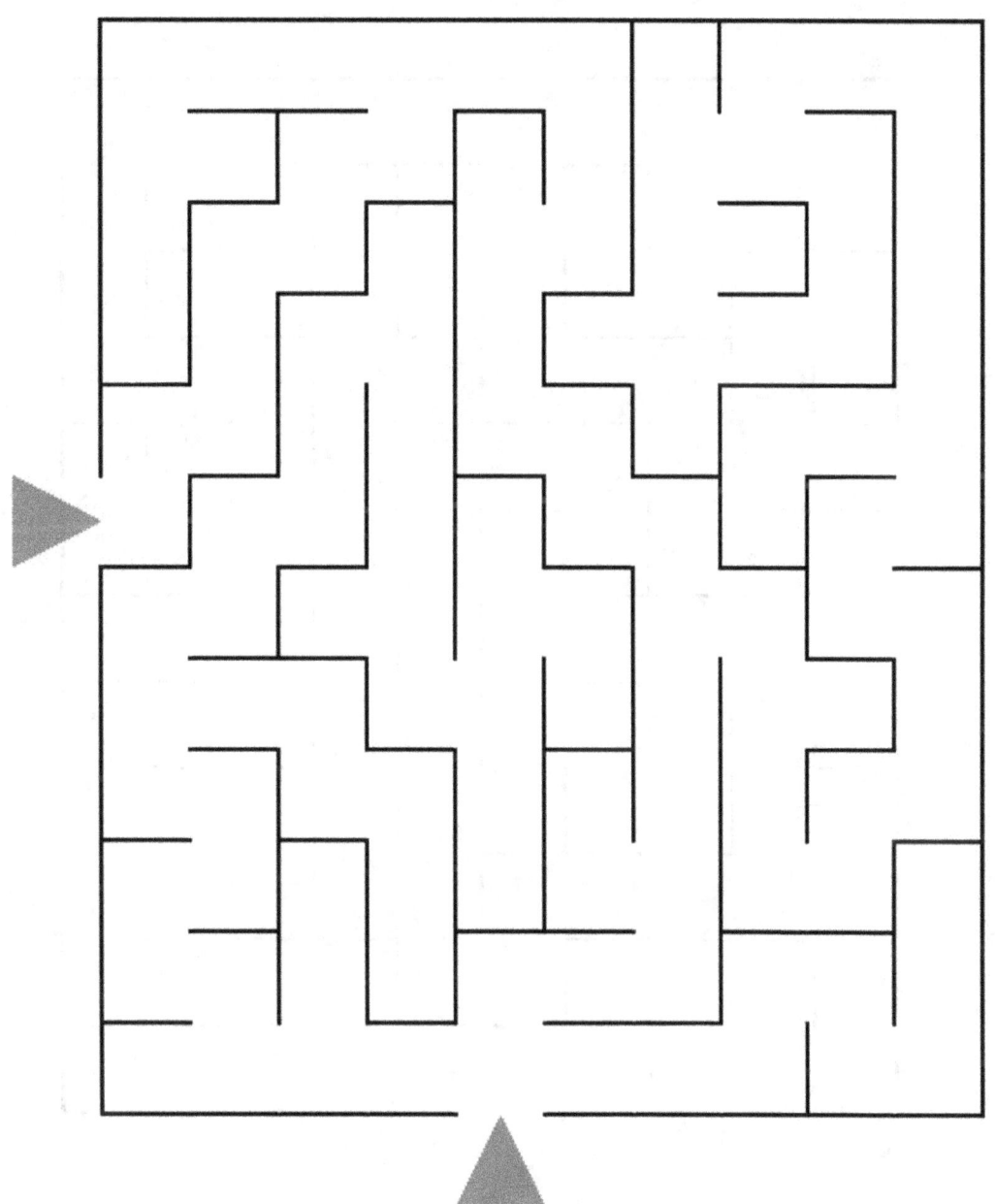

2

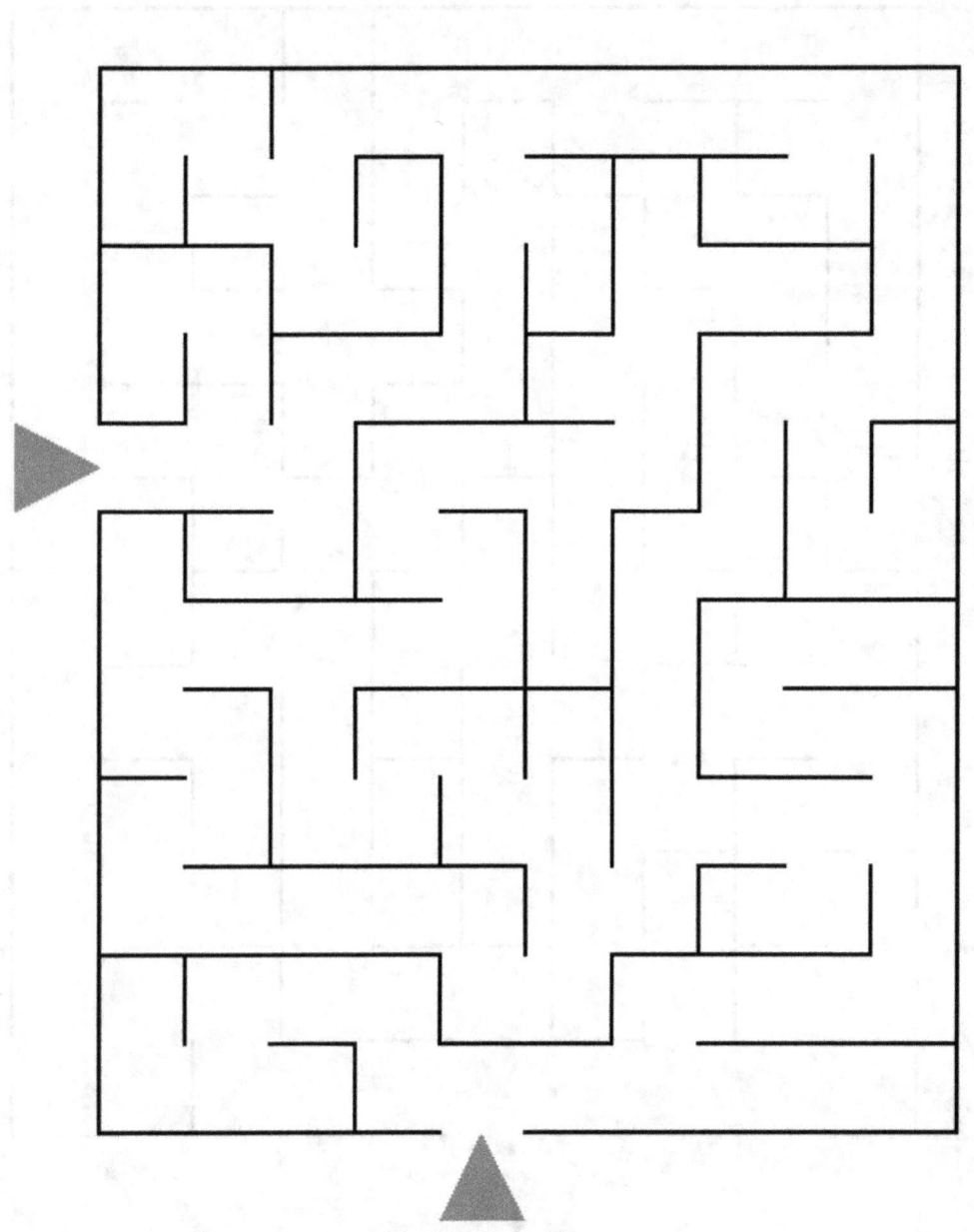

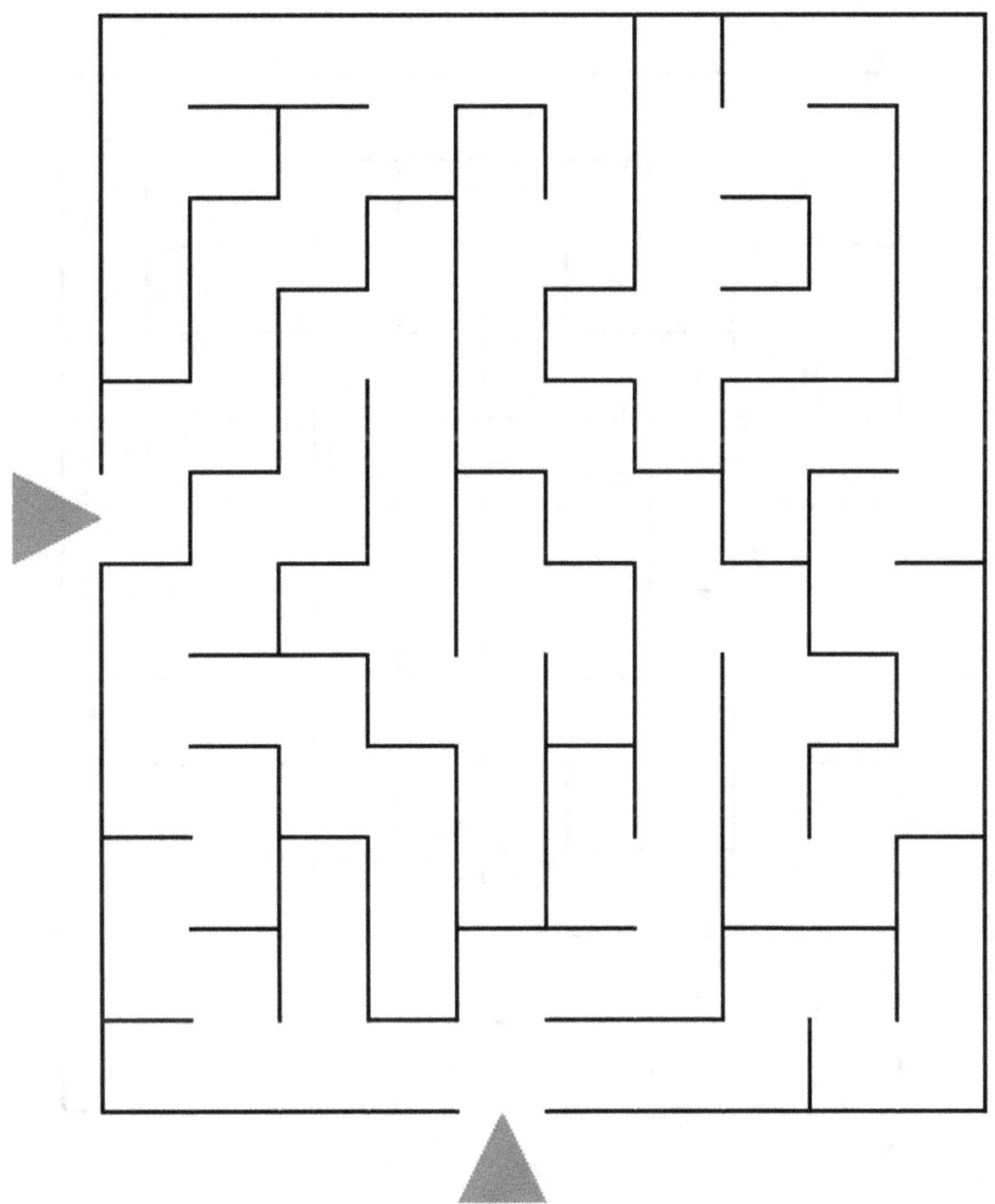

2

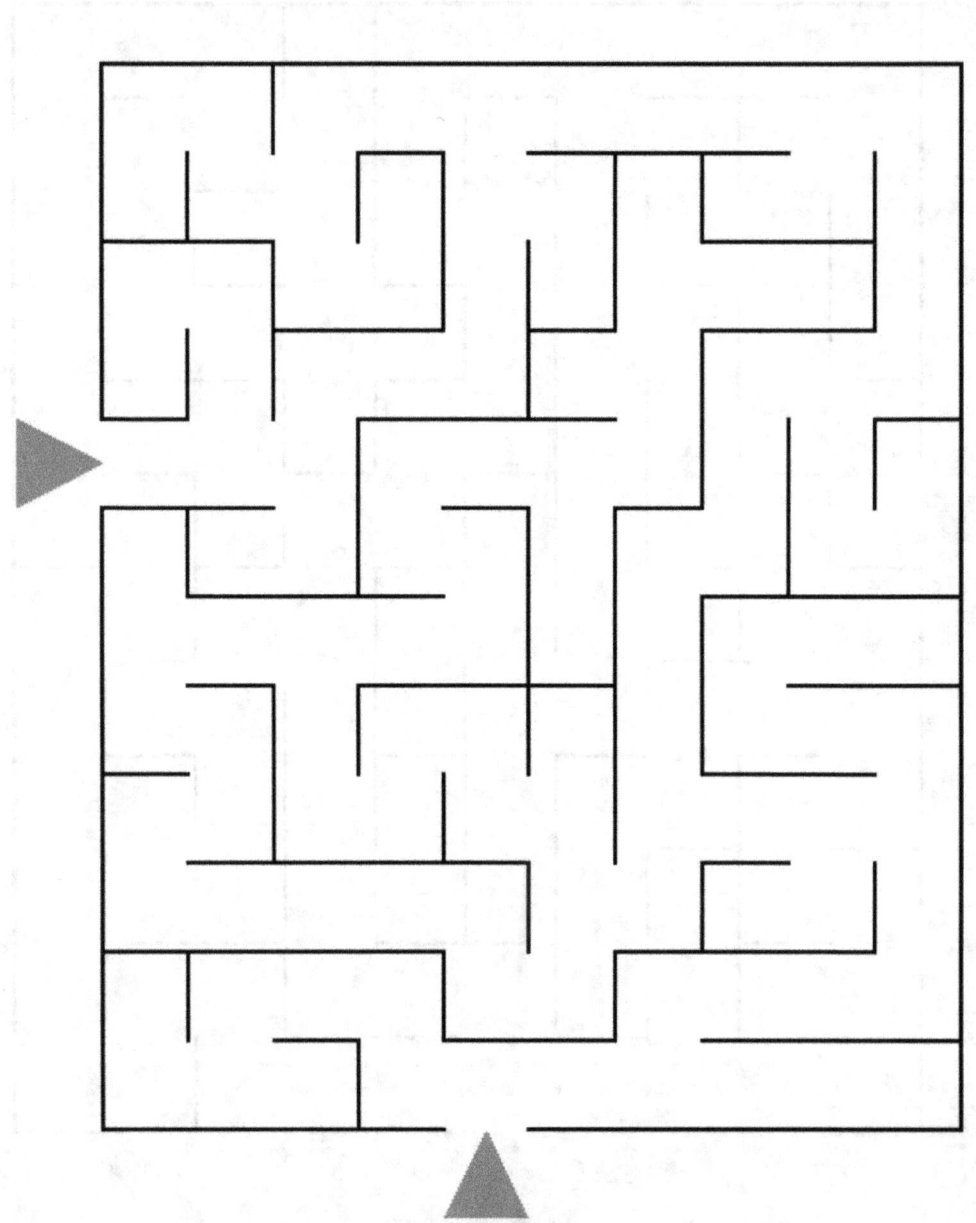

3

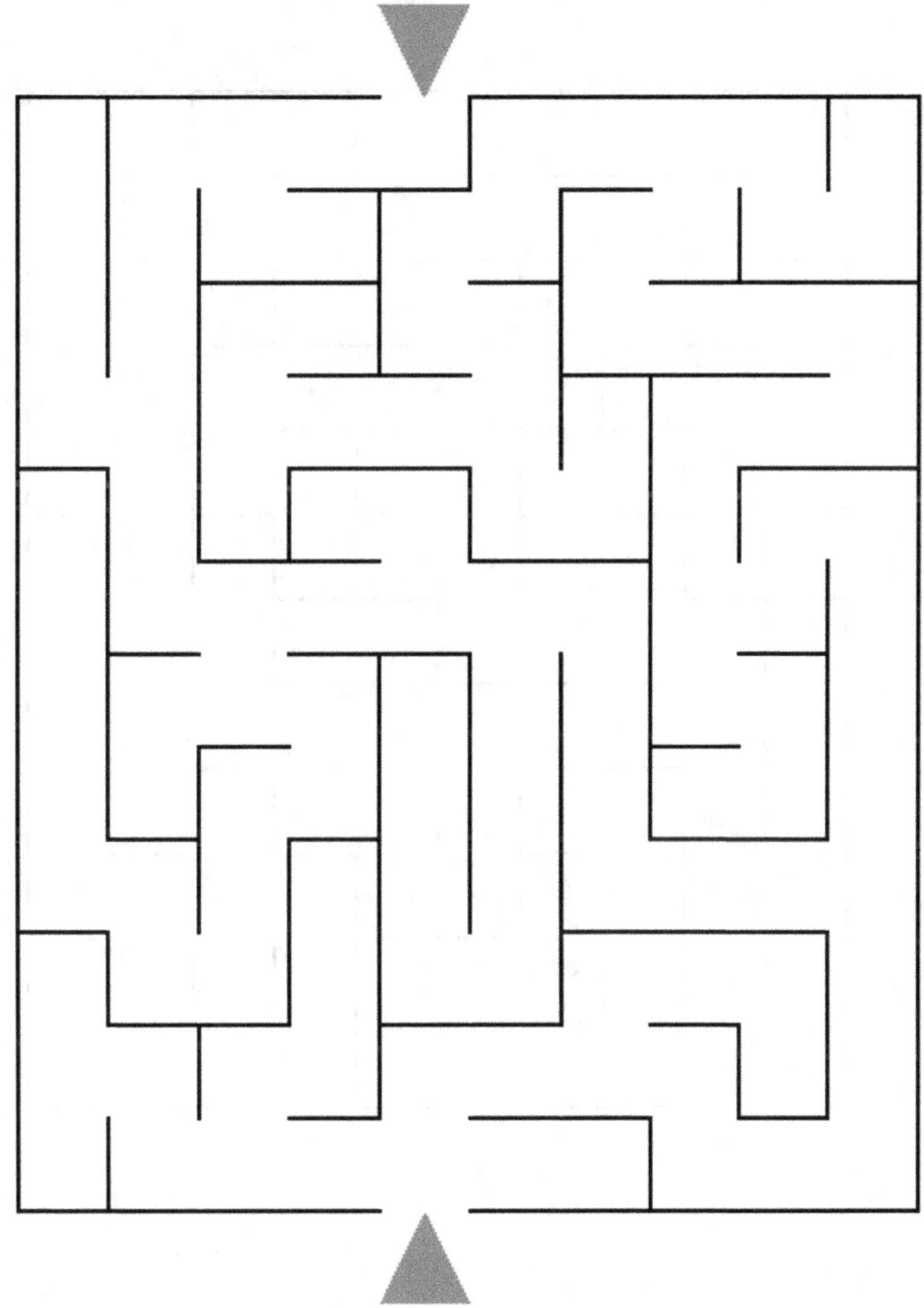

4

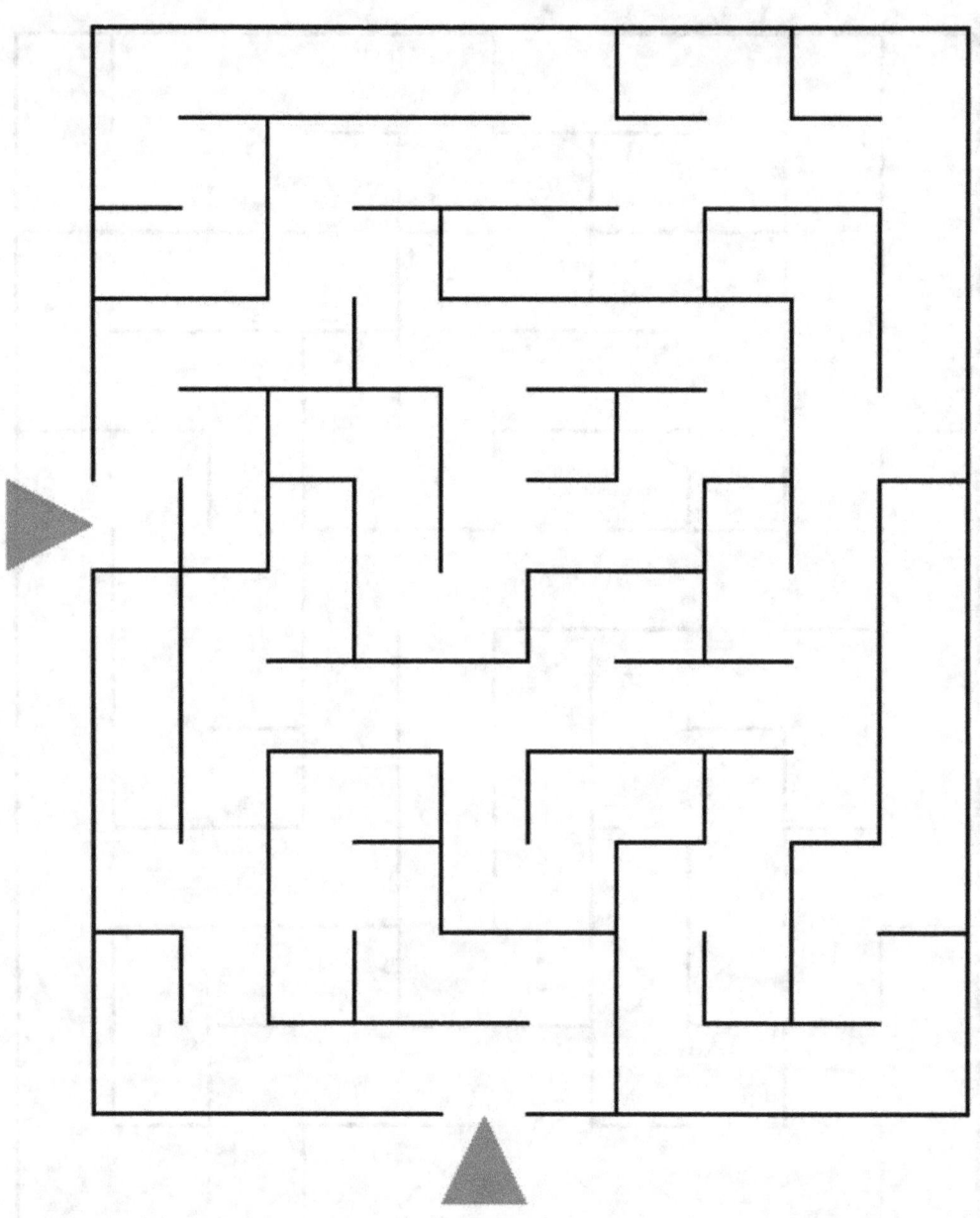

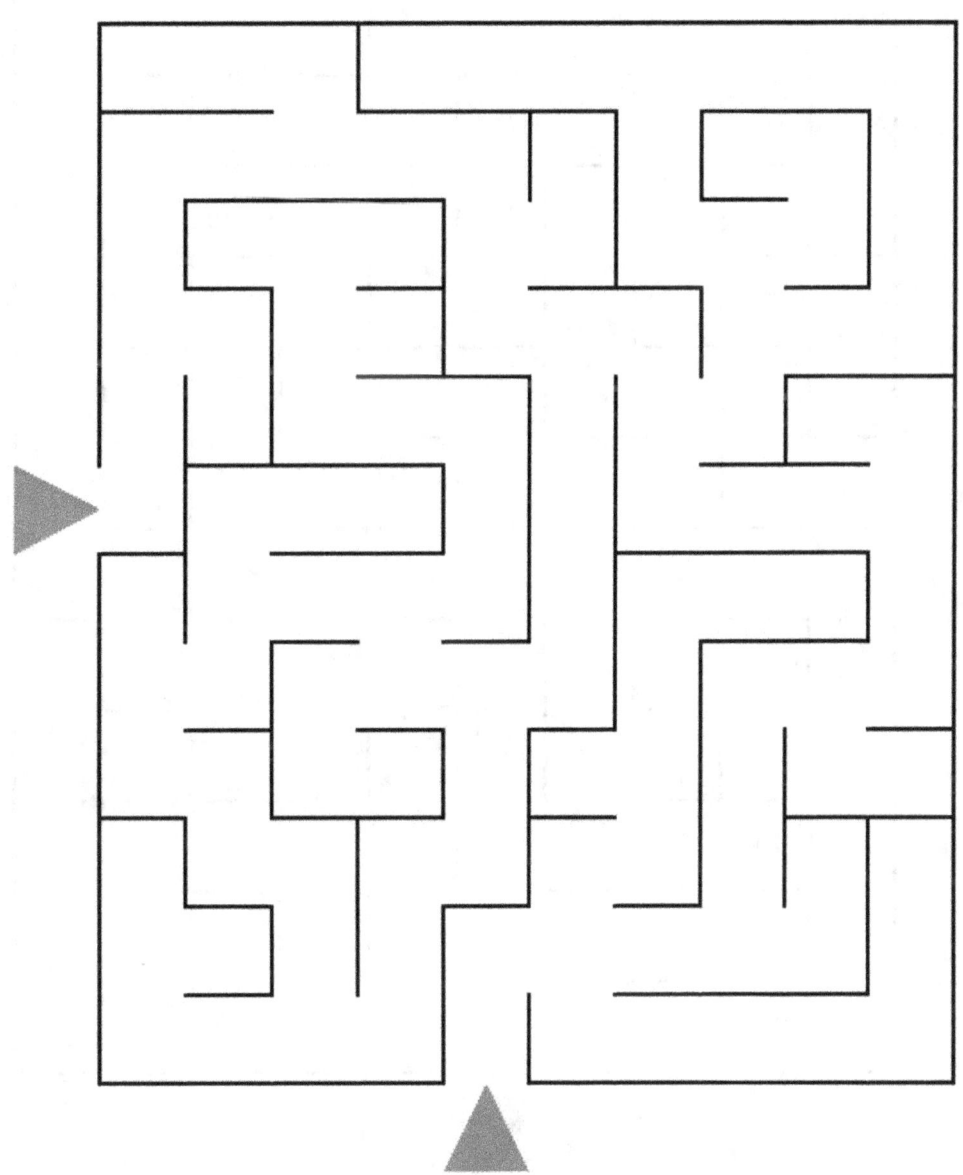

6

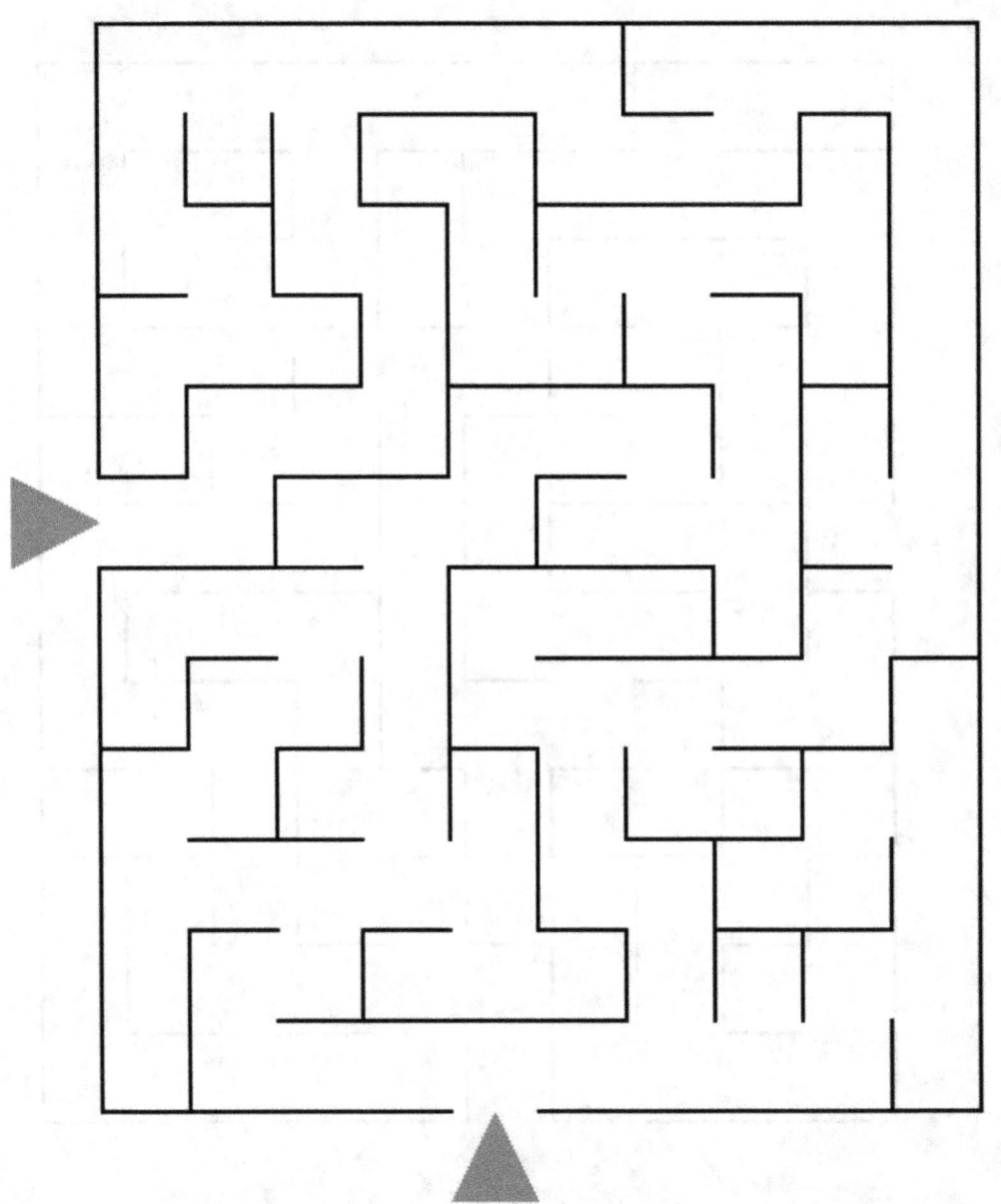

7

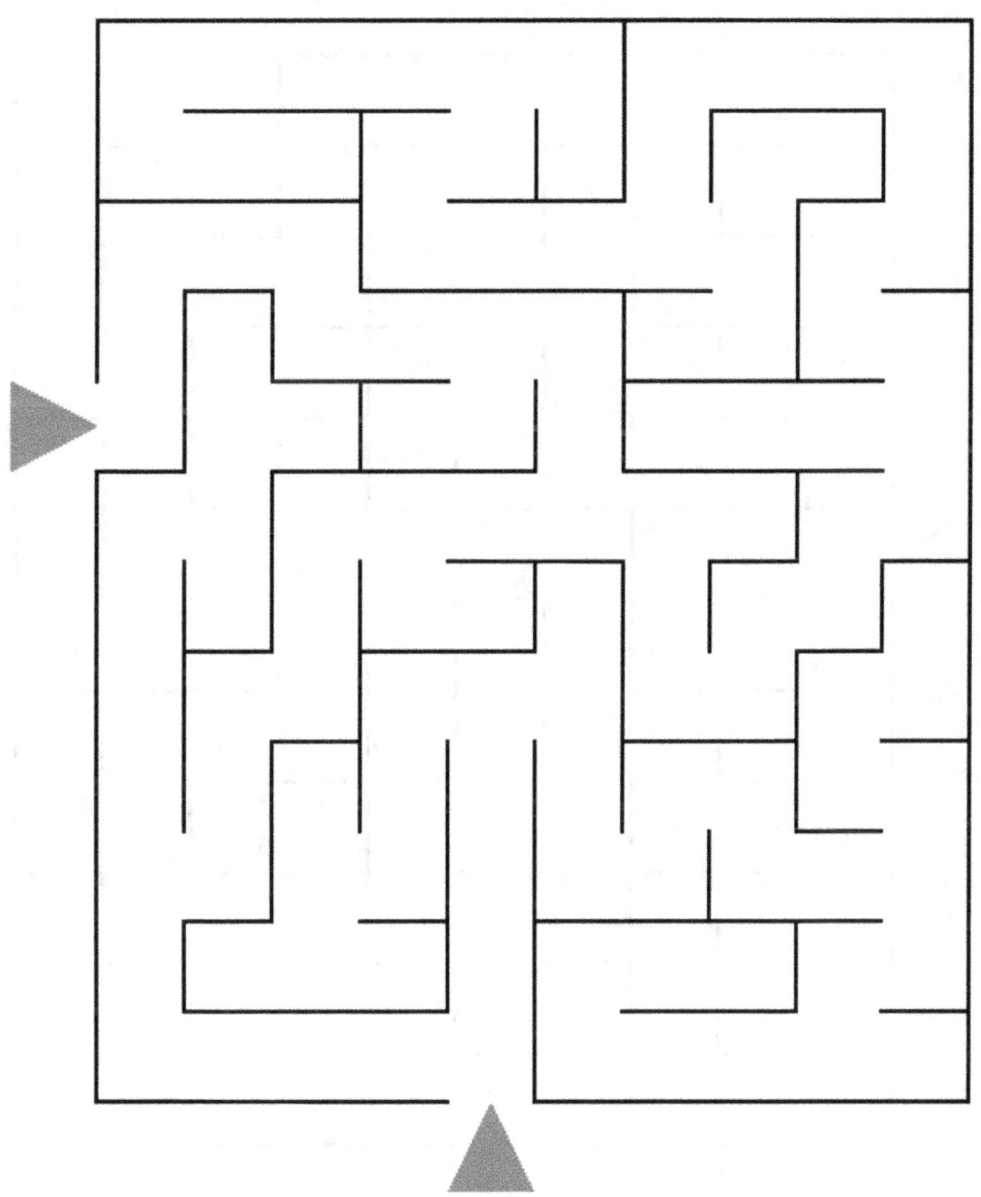

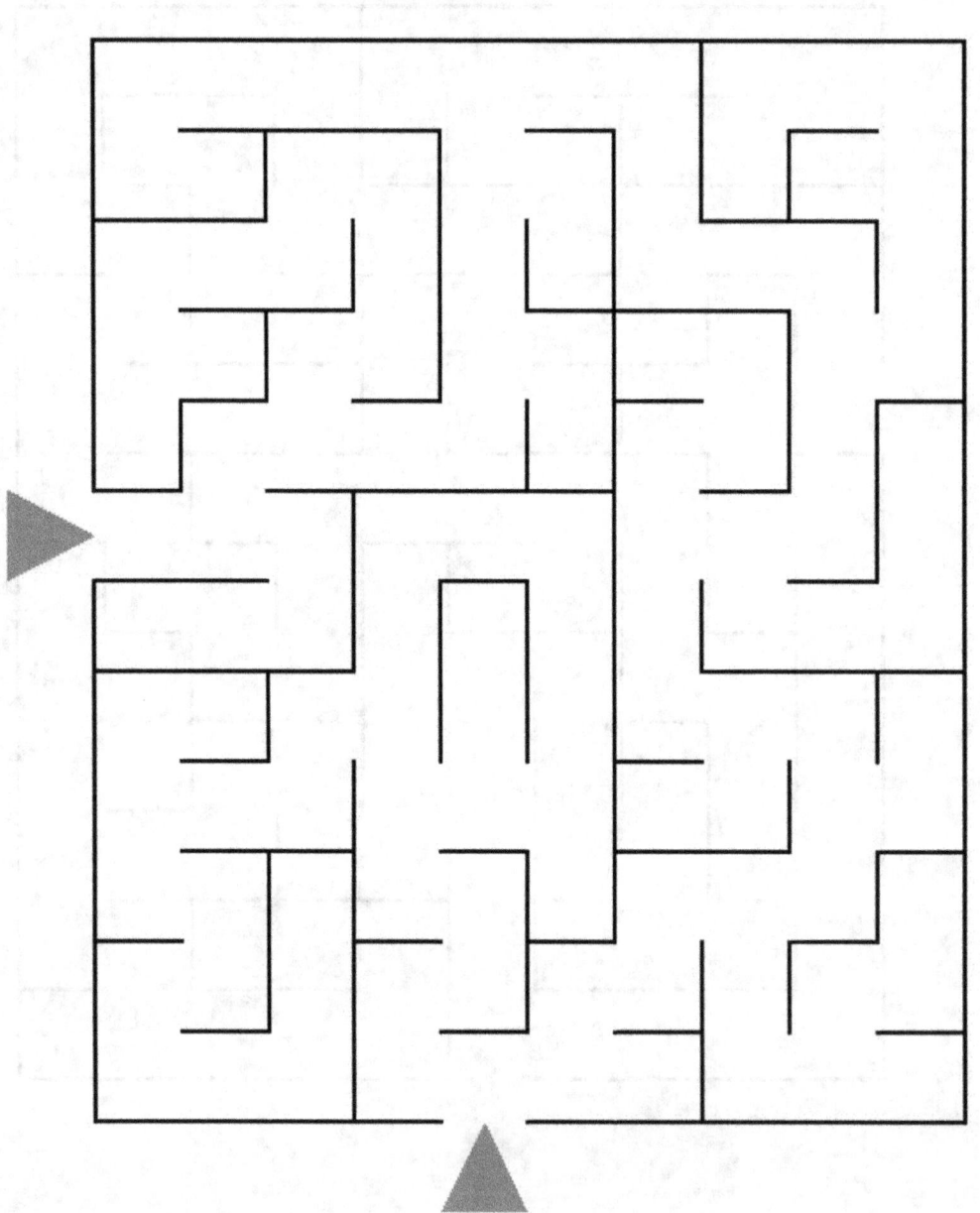

SOLUTIONS

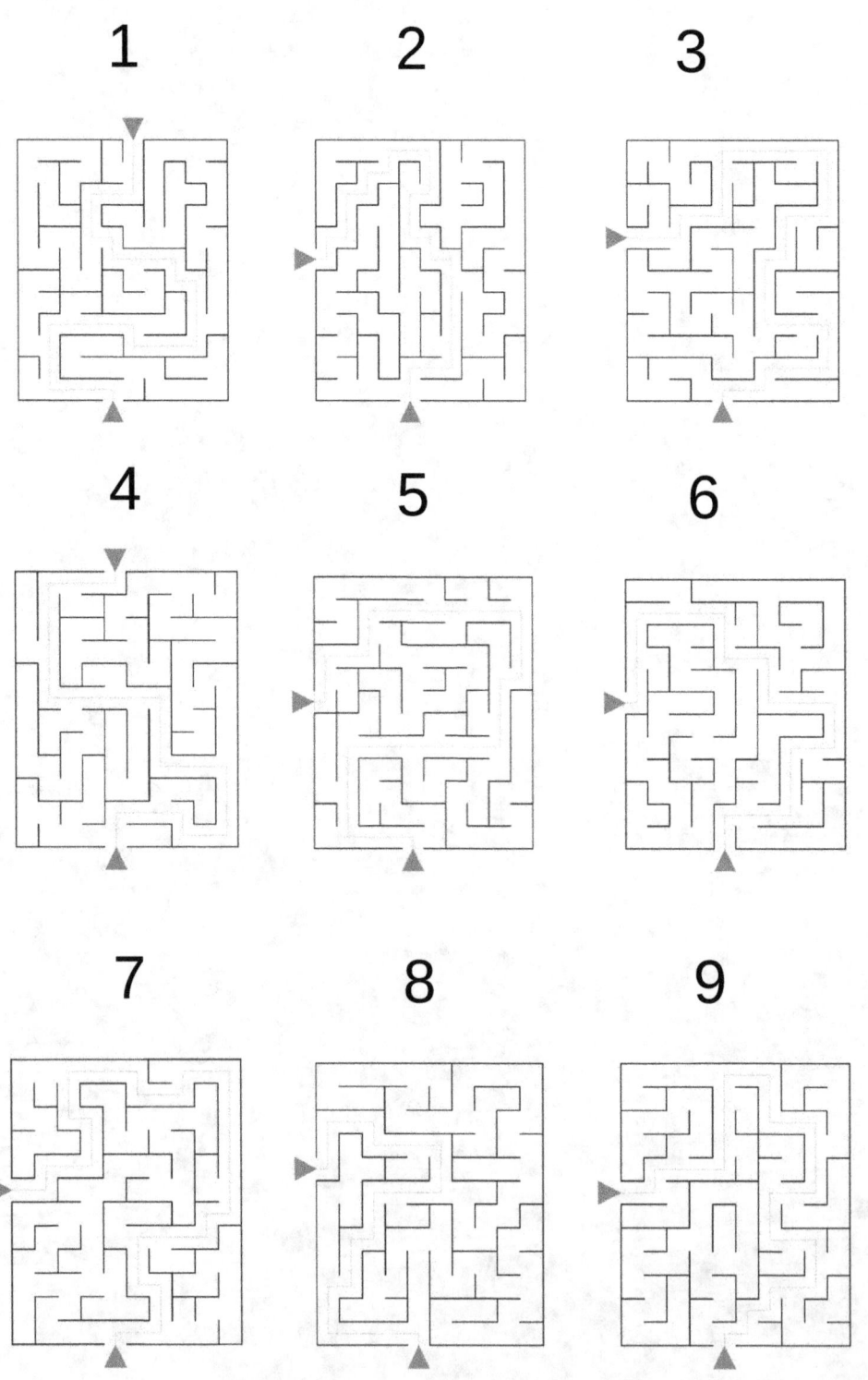

www.ingramcontent.com/pod-product-compliance
Lightning Source LLC
Chambersburg PA
CBHW080610220526
45466CB00010B/3301